EDWARD BULWER-LYTTON

LES DERNIERS JOURS DE POMPÉI

Traduction de Paul Lorain

HACHETTE Jeunesse

Certaines œuvres littéraires peuvent, par leur ampleur, sembler difficilement accessibles à de jeunes lecteurs. Ni adaptation, ni résumé, ce livre propose une version abrégée du texte original : les coupures y sont effectuées de manière à laisser intacts le ton et le style de l'auteur...

1

« Hé ! Diomède, quelle bonne rencontre ! Soupez-vous chez Glaucus, cette nuit ? » Ainsi parlait un jeune homme de petite taille, vêtu d'une tunique aux plis dont l'ampleur témoignait de sa noblesse autant que de sa fatuité[1].

« Hélas ! non, cher Claudius : il ne m'a pas invité, répondit Diomède, homme d'une stature avantageuse et d'un âge déjà mûr. Par Pollux, c'est un mauvais tour qu'il me joue ! On dit que ses soupers sont les meilleurs de Pompéi.

— J'ai entendu dire qu'il était aussi grand amateur de dés.

— Amateur de tous les plaisirs ; et puisqu'il se plaît à donner des soupers, nous sommes tous de ses amis.

---

1. Sentiment de satisfaction de soi-même.

— Voilà qui est bien dit. Mais avez-vous déjà vu mes celliers ?

— Je ne le pense pas, mon bon Diomède.

— Alors, vous souperez avec moi un de ces soirs. J'ai des murènes[1] d'une certaine valeur dans mon vivier, et je prierai l'édile[2] Pansa de se joindre à vous.

— Oh ! pas de cérémonie avec moi ! Je me contente de peu. Mais le jour décline ; j'allais aux bains. Et vous ?

— Je me rends chez le questeur[3] pour affaire d'État, ensuite au temple d'Isis. Adieu. »

« Poseur, impertinent et mal élevé ! murmura Claudius en voyant son compagnon s'éloigner. Il croit, en parlant de ses fêtes et de ses celliers, nous faire oublier qu'il est le fils d'un affranchi[4] ; et nous l'oublierons, en effet, lorsque nous lui ferons l'honneur de lui gagner son argent au jeu ; ces riches plébéiens[5] sont une véritable poule aux œufs d'or pour les nobles dépensiers que nous sommes. »

Tout en s'entretenant ainsi avec lui-même, Claudius arriva à la voie Domitienne[6], encombrée de passants et de chars en tout genre.

Les clochettes des chars qui se croisaient à vive allure sonnaient joyeusement aux oreilles de Claudius. À ses sourires et ses signes de tête, on devinait sa grande fami-

1. Poissons très voraces, appréciés des Romains qui les élevaient dans des viviers.

2. Personnage élu chaque année et chargé d'administrer la ville.

3. Magistrat.

4. Esclave devenu libre.

5. Qui appartiennent à la plèbe, c'est-à-dire au peuple.

6. Route construite sous le règne de l'empereur Domitien et reliant Rome aux principales villes de l'Empire.

liarité avec les équipages les plus élégants et les plus extraordinaires : en fait, aucun oisif n'était plus connu que lui à Pompéi.

« C'est vous, Claudius ! » Le jeune homme qui venait de crier de cette voix plaisante et bien timbrée roulait dans un char dont l'ornementation était aussi bizarre que fastueuse ; ses deux chevaux appartenaient à la race parthe, la plus rare. Leur maître lui-même montrait dans son allure cette grâce qui inspirait les sculpteurs d'Athènes ; son origine grecque était visible à ses cheveux dorés et retombant en boucles, ainsi qu'à la parfaite harmonie de ses traits.

« Vous savez, continua-t-il, que vous soupez avec moi cette nuit ?

— Qui a jamais oublié une invitation de Glaucus ?

— Mais où allez-vous maintenant ?

— J'avais l'intention de visiter les bains.

— Alors, je vais renvoyer mon char, et marcher avec vous. Là, là, mon Phylias, ajouta-t-il en caressant un de ses chevaux, lequel, au contact de cette main dont il reconnut la douceur, hennit doucement en baissant les oreilles. N'est-ce pas un beau cheval, ami Claudius ?

— Digne de Phébus, répliqua le noble désœuvré. Autrement dit : digne de Glaucus ! »

Les deux jeunes gens, tout en devisant de mille choses, flânèrent par les rues. Les fontaines brillantes, la foule des promeneurs nonchalants vêtus de leurs robes pourprées, les joyeux groupes rassemblés autour des boutiques, les esclaves passant avec des seaux de bronze sur leur tête, les filles de la campagne près de leurs corbeilles de fruits vermeils ou de fleurs, l'animation qui régnait dans plusieurs de ces lieux de repos comparables à nos cafés ou à nos clubs, tout cela composait une scène débordante de vie et de gaieté.

À l'endroit où les portiques d'un temple plein de grâce et de légèreté jetaient leur ombre propice, se tenait une jeune fille ; elle avait une corbeille de fleurs sur le bras droit, et dans la main gauche un petit instrument de musique à trois cordes, dont elle accompagnait les modulations d'un air étrange à moitié barbare ; à chaque pause, elle invitait les assistants à acheter ses fleurs ; et plus d'un sesterce[1] tombait dans la corbeille, soit pour rendre hommage à la musique, soit par compassion pour la chanteuse, car elle était aveugle.

« C'est ma pauvre Thessalienne, dit Glaucus en s'arrêtant. Je ne l'ai pas vue depuis mon retour.

— Je veux ce bouquet de violettes, douce Nydia, s'écria-t-il en jetant dans la corbeille une poignée de petites pièces. Ta voix est plus charmante que jamais. »

La jeune fille aveugle tressaillit aux accents de l'Athénien ; une vive rougeur colora son cou, ses joues et ses tempes.

« Vous êtes donc de retour ? dit-elle à voix basse.

— Oui, mon enfant ; je ne suis revenu à Pompéi que depuis quelques jours. Mon jardin réclame tes soins. Souviens-toi qu'aucune guirlande ne sera tressée chez moi, si ce n'est de la main de la jolie Nydia ! »

Nydia sourit joyeusement, mais ne répondit pas ; et

1. Pièce de monnaie en bronze.

Glaucus, emportant les violettes, s'éloigna de la foule avec autant de gaieté que d'insouciance.

« Ainsi cette enfant est une de vos clientes ? dit Claudius.

— Oui, cette petite m'intéresse. D'ailleurs elle est du pays de la montagne des dieux ; l'Olympe[1] a projeté son ombre sur son berceau ; elle est Thessalienne[2].

— Le pays des magiciennes.

— C'est vrai. Mais, selon moi, toute femme est magicienne.

— Hé ! justement j'aperçois une des belles de Pompéi, la fille du vieux Diomède, la riche Julia », s'écria Claudius. Une jeune dame, la figure couverte d'un voile et accompagnée de deux suivantes[3], s'approchait d'eux en se dirigeant vers les bains.

« Belle Julia, nous te saluons », dit Claudius.

Julia leva en partie son voile, de façon à montrer avec coquetterie un beau profil romain, un grand œil noir plein d'éclat et une joue un peu brune, qu'un délicat maquillage teintait finement de rose.

« Glaucus est de retour ? » dit-elle en posant un regard appuyé sur l'Athénien.

Puis elle ajouta à mi-voix : « A-t-il oublié ses amis de l'année dernière ?

— Divine Julia ! Jupiter[4] ne nous permet l'oubli que

1. Montagne de Grèce où siégeaient les dieux.
2. Originaire de la Thessalie, une des régions de la Grèce.
3. Servantes.
4. Le plus grand des dieux, époux de Junon.

pour un moment ; mais Vénus, plus exigeante, ne nous accorde même pas ce moment-là.

— Glaucus ne manque jamais de belles paroles.

— Peuvent-elles manquer devant un objet si beau ?

— Nous nous verrons tous les deux à la maison de campagne de mon père, continua Julia en se tournant vers Claudius.

— Nous marquerons le jour de notre visite d'une pierre blanche », répondit le joueur.

Julia abaissa son voile, mais lentement, réservant son dernier regard pour l'Athénien. Ce regard exprimait en même temps la tendresse et le reproche.

« Julia est assurément belle, dit Glaucus.

— L'année dernière, vous auriez fait cet aveu avec plus d'ardeur.

— J'en conviens. J'ai été ébloui au premier coup d'œil, et j'ai pris pour une pierre précieuse une imitation parfaitement réussie.

— Bah ! répondit Claudius, toutes les femmes sont les mêmes au fond. Heureux celui qui épouse à la fois un beau visage et une bonne dot. »

Glaucus soupira.

« Ce n'est pas encore l'heure du bain, dit le Grec ; éloignons-nous de toute cette agitation et allons contempler la mer. Il est midi, c'est l'heure où le soleil sourit aux flots !

— Bien volontiers, répondit Claudius ; d'ailleurs la baie est la partie la plus animée de la côte. »

Dans une baie lisse comme un miroir, se pressaient les

vaisseaux de commerce et les galères[1] resplendissantes d'or que les citoyens riches entretenaient pour leurs plaisirs ; les bateaux de pêcheurs glissaient rapidement dans toutes les directions et de loin on apercevait les hauts mâts de la flotte dont Pline[2] avait le commandement.

« Dites-moi, Claudius, s'écria le Grec après un long silence, avez-vous jamais été amoureux ?

— Oui, très souvent.

— Celui qui a souvent aimé, répondit le Grec, n'a jamais aimé.

— Êtes-vous donc sérieusement et véritablement amoureux ? Je ne m'en serais jamais douté !

— Je ne suis pas amoureux, mais je le serais volontiers, si j'avais l'occasion de voir l'objet que je désire.

— L'objet est aisé à deviner. N'est-ce pas une fille de Diomède ? Elle vous adore, et ne prétend pas le cacher. Par Hercule, je le répète, elle est à la fois jeune et riche.

— Je ne veux pas me vendre ! La fille de Diomède est belle, je l'avoue ; et, dans un temps, si elle n'avait pas été la petite-fille d'un affranchi, j'aurais pu... mais non, elle porte toute sa beauté sur son visage ; ses manières n'ont rien d'une vierge et son esprit n'est cultivé que dans la science du plaisir.

— Vous êtes un ingrat. Quelle est donc alors l'heureuse élue ?...

— Il y a quelques mois, je séjournais à Néapolis[3], une

1. Bateaux romains actionnés par des rames.

2. Amiral de la flotte, mort lors de l'éruption du Vésuve en 79 après J.-C., et dont son neveu, Pline le jeune, nous conte le récit à travers deux lettres.

3. Néapolis : nom de Naples à l'époque romaine (Parthénope à l'époque grecque.

ville selon mon cœur, car elle conserve encore les mœurs et l'empreinte de son origine grecque, et elle mérite le nom de Parthénope par l'air délicieux qu'on y respire et par ses magnifiques rivages. Un jour, j'entrai dans le temple de Minerve[1] pour offrir mes vœux à la déesse, moins pour moi-même que pour la cité à laquelle Pallas[2] ne sourit plus. Le temple était désert. Les souvenirs d'Athènes revenaient en foule et avec douceur à ma mémoire ; m'imaginant être toujours seul dans le saint lieu, et tout à ma prière, je laissai échapper de mon cœur les sentiments qui le remplissaient, et des larmes s'échappèrent de mes yeux en même temps que des paroles de mes lèvres. Un profond soupir interrompit mon recueillement ; je me retournai aussitôt, et je vis derrière moi une femme. Elle avait relevé son voile et elle priait aussi. Jamais, mon cher Claudius, je n'avais vu une figure de forme plus exquise ; une certaine mélancolie adoucissait et ennoblissait en même temps l'expression de ses traits. Ce je ne sais quoi qu'on ne peut décrire et qui vient de l'âme, ce que nos sculpteurs attribuent à Psyché[3], donnait à sa beauté un noble et divin attrait ; des pleurs tombaient de ses yeux. Je devinai sur-le-champ qu'elle était comme moi d'origine athénienne, et que les vœux que j'avais faits pour Athènes avaient trouvé un écho dans son cœur.

« N'êtes-vous pas aussi Athénienne ? » lui dis-je. Aux accents de ma voix elle rougit et ramena son voile sur son

1. Déesse de la guerre, Pallas ou Athéna chez les Grecs.
2. Surnom d'Athéna, déesse de la guerre.
3. Personnification de l'Âme.

visage. « Les cendres de mes aïeux, dit-elle, reposent sur les bords de l'Ilyssos[1] ; je suis née à Néapolis, mais ma famille est d'Athènes et mon âme est tout athénienne. – Prions donc ensemble », repris-je. Et comme le prêtre survint à ce moment, nous mêlâmes nos prières aux siennes, tout en restant l'un près de l'autre ; ensemble nous déposâmes nos guirlandes[2] d'olivier sur l'autel. J'éprouvai une étrange émotion, une sorte de tendresse sacrée. Nous quittâmes le temple en silence, et j'allais lui demander où elle demeurait et s'il me serait permis de la visiter, lorsqu'un jeune homme, dont les traits avaient quelque ressemblance avec les siens, et qui se tenait sur les degrés[3] du temple, vint la prendre par la main. Elle se retourna et m'adressa un adieu. La foule nous sépara. Je ne la revis plus. En revenant chez moi, je trouvai des lettres qui m'obligeaient à partir pour Athènes, où des parents m'intentaient un procès au sujet d'un héritage. Le procès gagné, je m'empressai de retourner à Néapolis ; je fis des recherches dans toute la ville, sans pouvoir découvrir aucune trace de ma compatriote ; et c'est en espérant trouver par une vie joyeuse l'oubli de cette brillante apparition que je me plongeai avidement dans les délices de Pompéi. Telle est mon histoire. Je n'aime pas ; mais je me souviens et je regrette. »

Claudius se disposait à répondre, lorsque des pas lents et sourds se firent entendre.

C'était un homme de haute taille, qui avait à peine

1. Fleuve de Grèce.
2. Branches d'olivier tressées, consacrées aux dieux.
3. Marches.

atteint sa quarantième année. Son teint sombre et basané révélait son origine orientale ; les os de son visage, fortement saillants, le privaient de ces lignes harmonieuses qui, sur les physionomies grecques, conservent les apparences de la jeunesse jusque dans l'âge mûr ; ses yeux, larges et noirs, brillaient d'un éclat précis. On y lisait un calme profond, rêveur et quelque peu mélancolique. Sa démarche et son maintien avaient de la gravité ; et quelque chose d'étranger dans la mode et dans les couleurs foncées de ses longs vêtements accusait encore son air solennel. Les deux jeunes gens, en saluant le nouveau venu, firent chacun de leur côté, machinalement et à la dérobée, un léger signe avec les doigts, car Arbacès l'Égyptien était censé avoir le don fatal du mauvais œil[1].

« Il faut que le point de vue soit magnifique, dit Arbacès dans un sourire ironique mais courtois ; sinon comment imaginer le joyeux Claudius et son ami Glaucus, si admiré de tous, loin des rues populeuses de la cité !

— La nature n'a-t-elle pas elle aussi ses charmes ? demanda le Grec.

— Pour les gens dissipés, j'en doute.

— Austère réponse, mais peu judicieuse. Le plaisir aime les contrastes. C'est au sortir de la dissipation que la solitude nous plaît, et, inversement, il est doux de s'élancer de la solitude vers la dissipation.

— Ainsi pensent les jeunes philosophes de l'Académie[2], répliqua l'Égyptien ; ils confondent la lassitude

1. Sort jeté par quelqu'un à un autre.

2. L'Académie était un jardin (du nom d'Akademos ou Academus) où se réunissaient les penseurs-philosophes pour discuter.

avec la méditation, et s'imaginent, parce qu'ils sont fatigués des autres, connaître le charme des heures solitaires.

— En ce qui me concerne, s'écria Glaucus, je n'ai jamais été fatigué de rien ! »

L'Égyptien sourit encore.

« Après tout, vous faites bien de profiter du temps pendant qu'il vous sourit : et d'ailleurs, Glaucus, à nous autres étrangers dans cette contrée, loin des cendres de nos pères, que reste-t-il, si ce n'est le plaisir ou le regret ? Le plaisir, pour vous ; le regret, pour moi ! » Et s'enveloppant dans sa robe, il s'éloigna lentement.

« Je respire plus à mon aise, reprit Claudius. Comme les Égyptiens, il nous arrive d'inviter un squelette à nos festins. En vérité, la présence d'un spectre de son espèce suffirait pour faire aigrir la plus belle grappe de raisin de Falerne[1].

— Homme étrange ! murmura Glaucus d'un air pensif. Quoiqu'il semble mort au plaisir et indifférent à tous les charmes de ce monde, si l'on en croit les bruits qui courent, sa maison et son cœur démentent ses discours. »

Le Ciel avait prodigué à Glaucus tous ses biens, sauf un : il lui avait donné la beauté, la santé, la richesse, le talent, une illustre origine, un cœur de feu, une âme poétique ; mais il lui avait refusé l'héritage de la liberté. Il était né à Athènes, sujet de Rome. De bonne heure, maître d'une fortune considérable, Glaucus avait cédé au goût des voyages et s'était enivré à la coupe des plaisirs, au milieu du luxe et des pompes de la cour impériale.

1. Le vin de Falerne, une petite ville de Campanie (voir ce mot) était célèbre et de grande qualité.

De sa demeure à Pompéi, hélas ! les couleurs sont fanées aujourd'hui, les murailles ont perdu leurs peintures ; sa beauté, la grâce et le fini de ses ornements, tout cela n'est plus. Cependant lorsqu'elle reparut au jour, quels éloges et quelle admiration excitèrent ses décorations délicates et brillantes, ses tableaux, ses mosaïques !

« J'avouerai, dit l'édile Pansa, que votre maison, Glaucus, quoiqu'elle ne soit pas beaucoup plus large qu'un étui d'agrafe, est un véritable joyau. Que cette séparation d'Achille et de Briséis[1] est admirablement peinte !... Quel style, quelle expression dans les visages ! »

En cet instant parurent les esclaves, apportant sur un plateau tout ce qui devait servir à l'ouverture du festin. Parmi de délicieuses figues, des fines herbes couvertes de neige, des anchois et des œufs, étaient rangées de petites coupes remplies d'un vin mélangé de miel ; de jeunes esclaves présentaient à chacun des cinq convives des bassins d'argent pleins d'une eau parfumée, et des serviettes bordées de franges de pourpre.

« Que Bacchus[2] nous soit propice ! » dit Glaucus en s'inclinant avec respect devant une magnifique image du dieu placée au centre de la table.

Alors, les convives se penchèrent sur leurs lits, et le repas commença.

« Que cette coupe soit la dernière que je porte à mes lèvres, s'écria le jeune Salluste, si ce n'est pas le meilleur vin que j'ai bu à Pompéi !

---

1. Achille, grand général grec, prit comme butin la prisonnière Briséis, devant Troie, mais dût s'en séparer.
2. Dieu du vin.

— Quand aura lieu le prochain combat de bêtes féroces ? interrompit Claudius.

— Vers le huit des ides[1] d'août, répondit Pansa, le lendemain des fêtes de Vulcain[2]. Nous réservons un jeune lion pour cette occasion, une bête magnifique.

— Qui lui donnera-t-on à dévorer ? continua Claudius ; hélas ! il y a une bien grande disette de criminels. Il vous faudra condamner un innocent au lion, mon pauvre Pansa.

— J'y pense en effet depuis quelque temps, répondit sérieusement l'édile. C'est une infâme loi que celle qui nous défend de livrer nos propres esclaves aux bêtes. N'avons-nous pas le droit de disposer de nos biens à notre guise ?

— Il n'en était pas ainsi dans le bon vieux temps de la République[3], ajouta Salluste en soupirant.

— Même pour le bas peuple, cette prétendue générosité envers les esclaves est une injuste privation, lui qui aime tant ce genre de combat !

— Et quelle mauvaise politique, dit Claudius d'une façon sentencieuse, que de contrecarrer les amusements virils du peuple !

— Par Pallas ! s'écria Glaucus, pendant que son esclave favori posait sur son front une nouvelle couronne de fleurs, j'aime assez ces spectacles sauvages, où deux bêtes s'affrontent ; mais quand un homme, de chair et

1. Division du mois dans le calendrier romain, qui tombait à peu près au milieu du mois.

2. Fêtes en l'honneur du dieu du feu.

3. Mode de gouvernement jusqu'à l'empereur Auguste.

d'os comme nous, est poussé dans l'arène pour être en quelque sorte dépecé membre par membre, l'intérêt se change en horreur. Vous, les Italiens, vous vous plaisez à ces spectacles ; nous autres Grecs, nous avons plus de compassion. »

Le troisième service consistait dans une infinité de fruits, de pistaches, de confitures, de tartes et de plats d'apparat, présentés sous les formes les plus singulières, en de vertigineux échafaudages.

« Goûtez ce vin de Lesbos, Pansa, dit Salluste.

— Quelle merveille ! » s'écria Claudius en montrant une coupe de cristal transparent, dont les anses étaient garnies de pierres précieuses entrelacées en forme de serpent.

« Cet anneau, dit Glaucus en tirant un joyau de grand prix de la première phalange de son doigt et en le suspendant à l'anse de la coupe, lui donnera plus riche apparence, et la rendra moins indigne d'être acceptée par mon ami Claudius.

— Vous êtes trop généreux, Glaucus, dit le joueur en tendant la coupe à son esclave ; mais c'est votre amitié avant tout qui décuple la valeur du présent.

— Je bois aux Grâces[1] », déclara Pansa, et il remplit trois fois sa coupe.

Les musiciens accordèrent leurs instruments sur le mode ionien[2], pendant que les plus jeunes d'entre eux chantaient les vers.

---

1. Divinités de la Beauté.
2. Originaire d'Ionie, une des régions de la Grèce.

« La mélodie, s'écria Claudius, est du goût ionien le plus pur. À propos, compagnons, je bois à la belle Ione.

— Ione, le nom est grec, dit Glaucus. Mais qui est cette Ione ?

— Ah ! Vous ne faites que d'arriver à Pompéi, sans quoi vous mériteriez le bannissement pour votre ignorance, dit Lépidus avec importance.

— Elle est de la plus rare beauté, ajouta Pansa ; et quelle voix !

— Elle ne doit se nourrir que de langues de rossignols, dit Claudius.

— Sachez donc, mon cher Glaucus, qu'Ione est une étrangère arrivée depuis peu à Pompéi. Elle chante comme Sapho[1], et ses chants sont de sa composition. Sa beauté est éblouissante. Elle est riche, et aussi généreuse que riche.

— Ione n'a qu'un défaut. Tout Pompéi est à ses pieds, mais elle ne veut pas se marier. »

La conversation devint alors générale et le vin circula plus librement. Ione fut de nouveau l'objet des éloges des convives de Glaucus.

« Au lieu de veiller jusqu'à ce que les étoiles s'effacent, allons contempler celle dont l'éclat les fait toutes pâlir », conclut Lépidus.

Quoiqu'il pressât sincèrement ses hôtes de ne pas se lever de table encore, Glaucus ne put s'empêcher de leur laisser voir que sa curiosité avait été éveillée par les éloges qu'ils avaient faits d'Ione. Ils décidèrent donc qu'ils

1. Grande poétesse grecque.

iraient de ce pas à la maison de la belle Grecque, et ils se retrouvèrent dans les rues de Pompéi au moment où la lune se levait. L'atmosphère était joyeuse et la foule encore nombreuse.

Ils parcoururent le quartier des orfèvres[1], tout étincelant de lumières que réfléchissaient les pierres précieuses étalées dans les boutiques, et arrivèrent enfin à la porte d'Ione. Le vestibule était illuminé par des rangées de lampes ; des rideaux de pourpre brodés ouvraient l'entrée du tablinum[2], et, sous le portique[3] qui entourait un odorant jardin, ils trouvèrent la jeune fille environnée de visiteurs en admiration devant elle et qui l'applaudissaient.

« Ne m'avez-vous pas dit qu'elle était Athénienne ? demanda Glaucus à voix basse.

— Non, elle est de Néapolis.

— De Néapolis », répéta Glaucus ; et au même moment le groupe qui entourait Ione s'entrouvrit, et présenta à sa vue cette brillante apparition, cette beauté pareille aux nymphes, qui, depuis quelques mois, avait surnagé sur l'abîme de sa mémoire.

Nous avons laissé Arbacès près de la mer caressée par le soleil de midi. Dès qu'il fut en vue de la partie la plus fréquentée de la baie, il s'arrêta et contempla toute cette animation avec un sourire amer.

« Dupes et fous que vous êtes ! murmura-t-il. Qu'il

---

1. Quartier des artisans travaillant les métaux précieux, comme l'or.
2. Pièce centrale donnant sur la cour intérieure d'une maison.
3. Espace découvert entouré d'une galerie à colonnes.

s'agisse de plaisirs ou d'affaires, de commerce ou de religion, ce sont toujours les passions qui vous mènent ! Comme je vous mépriserais si je ne vous haïssais pas ! Oui, je vous hais, Grecs ou Romains. C'est à nous, c'est à notre pays, c'est à la science profonde de l'Égypte que vous avez dérobé le feu qui vous donne vos âmes. Vos connaissances, votre poésie, vos lois, vos arts, votre barbare supériorité dans la guerre, vous nous avez tout volé et maintenant vous êtes nos maîtres. L'aigle plane sur le serpent du Nil. Les maîtres de l'Égypte, mais pas les miens ! Mon âme, par la supériorité de sa sagesse, vous domine et vous enchaîne. Mon pouvoir s'étend partout où règne quelque superstition. Thèbes[1] peut tomber, l'Égypte peut ne plus exister que de nom, l'univers entier regorge de sujets à la merci d'Arbacès. »

Lorsqu'il entra dans la ville, sa haute taille le fit remarquer au-dessus de la foule qui remplissait le forum, et il se dirigea vers le gracieux petit temple consacré à Isis.

Au moment où Arbacès arrivait près des grilles qui séparaient l'enceinte profane de l'enceinte sacrée, un des prêtres s'approcha de lui et le salua avec toutes les marques d'une amicale familiarité.

La physionomie de ce prêtre ne parlait guère en sa faveur : son crâne rasé était si plat et son front si étroit qu'ils évoquaient irrésistiblement ceux d'un Africain. Ses yeux, noirs et petits, roulaient dans des orbites d'un jaune sépulcral ; son nez, court mais gros, s'ouvrait avec

1. Ville grecque célèbre et ville égyptienne.

de grandes narines pareilles à celles des satyres[1] ; ses lèvres épaisses et pâles, ses joues aux pommettes saillantes, les couleurs livides et bigarrées qui perçaient à travers sa peau de parchemin, complétaient un ensemble que personne ne pouvait voir sans répugnance.

« Calénus, dit l'Égyptien à ce flamine[2] de bizarre apparence, pouvez-vous m'admettre dans quelque appartement moins sacré ?

— Assurément », répondit le prêtre en le conduisant vers une des cellules qui entouraient la porte.

Là, ils s'assirent devant une petite table qui leur présentait des fruits, des œufs, plusieurs plats de viandes froides et des vases pleins d'excellents vins.

« Vous savez, dit Arbacès, à voix basse, vous savez que j'ai rencontré il y a quelque temps, à Néapolis, Ione et Apœcides, frère et sœur, enfants d'Athéniens qui étaient venus demeurer dans cette cité. A la mort de leurs parents, qui me connaissaient et m'estimaient, je devins leur tuteur ; je ne négligeai rien de ma charge. Le jeune homme, docile et d'un caractère plein de douceur, céda sans peine à mon influence. Je lui appris à adorer Isis[3]. Je lui révélai quelques-unes des sublimes allégories que cache son culte.

— Il est des nôtres, dit Calénus ; mais, en stimulant sa foi, vous l'avez dépouillé de la sagesse. Il s'effraie de ne plus se sentir dupe. Nos honnêtes fraudes, nos statues qui

---

1. Jeunes hommes à oreilles et queue animales, appartenant au cortège de Bacchus.

2. Prêtre dans la religion romaine.

3. Femme du dieu égyptien Osiris, protectrice de la navigation chez les Romains.

parlent, nos escaliers dérobés le tourmentent et le révoltent. Il gémit, il se désole et converse avec lui-même ; il refuse de prendre part à nos cérémonies. On l'a vu en compagnie d'hommes qu'on suspecte d'appartenir à cette secte nouvelle et athée, qui renie tous nos dieux et appelle nos oracles des inspirations de l'esprit malfaisant !

— Voilà ce que je soupçonnais, dit Arbacès rêveur, d'après les reproches qu'il m'a adressés la dernière fois que je l'ai rencontré ; il m'évite depuis quelque temps. Je veux le reprendre en main, je veux continuer mes leçons. Je l'introduirai dans le sanctuaire de la sagesse, je lui enseignerai qu'il y a deux degrés de sainteté : le premier, la foi ; le second, la fraude ; l'un pour le vulgaire, le second pour le sage. Quant à sa sœur, Ione, vous vous doutez déjà que je la destine à être ma reine, ma femme, l'Isis de mon cœur !

— J'ai entendu dire de tous côtés que c'était une nouvelle Hélène[1], dit Calénus.

— Oui ; sa beauté est telle que la grâce n'en a jamais produite de pareille ; et ce n'est pas tout : elle a une âme digne d'être associée à la mienne. Son génie surpasse le génie des femmes. Le frère et la sœur étaient jeunes et riches ; Ione est orgueilleuse et ambitieuse... Lorsque son frère me quitta et entra dans votre temple, elle vint aussi à Pompéi afin d'être plus près de lui. Ses talents n'ont pas tardé à s'y révéler. La foule qu'elle appelle se presse à ses fêtes. Je l'ai encouragée dans cette voie, où la vanité se mêle au plaisir. J'aimais à la voir s'abandonner à la dis-

1. Jeune femme grecque dont la beauté provoqua la guerre de Troie.

sipation et au luxe de cette cité. Je souhaitais qu'elle fût entourée d'adorateurs vides, vains, frivoles, que sa nature ne peut que mépriser, afin qu'elle sentît le besoin d'aimer. Je me flattais de faire agir mes prestiges, de lui inspirer de l'intérêt, de posséder enfin son cœur : car ce ne sont ni la jeunesse, ni la beauté, ni la gaieté, qui sont faites pour fasciner Ione ; il faut conquérir son imagination, et la vie d'Arbacès n'a été qu'un long triomphe sur des imaginations comme la sienne.

— Vous ne craignez donc aucun rival ?

— Je ne crains personne. Son âme méprise la barbarie romaine. Cependant, j'avoue que depuis peu un soupçon m'a traversé l'esprit. Elle est plus silencieuse qu'elle n'avait coutume de l'être ; la musique qu'elle préfère est celle qui peint le mieux la mélancolie. Elle pleure sans raison de pleurer. Peut-être est-ce un commencement d'amour ?... Peut-être n'est-ce que le désir d'aimer ? Dans l'un ou l'autre cas, il est temps pour moi d'agir sur son imagination et sur son cœur. C'est pour cela que j'ai songé à vous.

— En quoi puis-je vous être utile ?

— Je me propose de l'inviter à une fête chez moi ; je veux l'éblouir... Mais nous devons d'abord séduire le frère. Écoutez-moi, voici mes instructions. »

Le soleil pénétrait gaiement chez Glaucus, quand une ombre se glissa sur le seuil de sa chambre ; une jeune fille, à peine sortie de l'enfance, troubla sa solitude. Elle était vêtue simplement d'une tunique blanche, qui retombait du cou jusqu'aux chevilles ; elle portait sous son bras une corbeille de fleurs, et tenait dans l'autre main un vase de bronze rempli d'eau. Ses traits étaient plus formés qu'on aurait pu l'attendre de son âge, mais doux et féminins dans leurs contours ; sans être précisément beaux en eux-mêmes, ils possédaient cette beauté que donne l'expression. La jeune fille était aveugle ; mais ce défaut ne s'apercevait pas dans ses prunelles, dont la lumière douce et mélancolique paraissait pure et sans nuage.

« On m'a dit que Glaucus était ici ? demanda-t-elle. Puis-je entrer ?

— Ah ! ma Nydia, dit le Grec, c'est vous ?... Comme vous avez grandi !... L'année prochaine il vous faudra penser à la réponse que vous ferez à vos amoureux. »

Une rougeur colora les joues de Nydia.

« Je vous ai apporté quelques fleurs, dit-elle, dissimulant son émotion. Elles ont peu de prix, mais elles sont toutes fraîches... Comment trouvez-vous les fleurs de votre serre ?

— Admirables ; les dieux lares[1] eux-mêmes ont dû veiller sur elles.

— Ah ! vous me faites plaisir, dit Nydia ; je suis venue aussi souvent que je l'ai pu pour les arroser et les soigner pendant votre absence.

— Comment vous remercier, belle Nydia ? »

Les mains de la jeune fille tremblaient. Elle se détourna avec embarras.

« Le soleil est bien chaud aujourd'hui pour les pauvres fleurs, dit-elle, et elles doivent croire que je les néglige ;

1. Dieux de la maison qui protègent le foyer.

car j'ai été malade, et voilà neuf jours que je ne suis pas venue les arroser.

— Malade, ma Nydia ! Et pourtant vos joues ont plus d'éclat que l'année dernière.

— Je suis souvent souffrante, reprit la pauvre aveugle d'un ton touchant, et, à mesure que je grandis, je regrette davantage d'être privée de la vue. Mais occupons-nous plutôt des fleurs. »

Elle fit un léger salut et passa dans la serre.

« Pauvre Nydia, se dit Glaucus ; tu ne vois ni la terre, ni le soleil, ni les étoiles, et pas davantage la belle Ione ! »

Sa tâche terminée, la Thessalienne reprit le chemin de sa demeure. Elle s'éloigna des rues brillantes de la cité, et entra dans un quartier peu fréquenté par les personnes élégantes.

Elle frappa à la porte de derrière d'une taverne. On ouvrit, et une voix rude lui ordonna de rendre compte des sesterces qu'elle avait pu recueillir. Avant qu'elle eût le temps de répondre, une autre voix se fit entendre :

« Ne t'inquiète pas de ces petits profits, Burbo. La voix de la petite sera bientôt redemandée aux riches festins de notre ami, et tu sais qu'il paie à un haut prix les langues de rossignols.

— Oh ! non, j'espère que non..., s'écria Nydia en tremblant. Je veux bien mendier depuis l'aurore jusqu'au coucher du soleil, mais ne m'envoyez plus chez lui.

— Et pourquoi cela ? demanda la même voix.

— Parce que... parce que je suis jeune et que les femmes avec qui je me trouve là ne sont pas une société convenable pour une pauvre fille qui... qui...

— Qui est une esclave dans la maison de Burbo », reprit la voix avec un grossier éclat de rire.

La Thessalienne posa ses fleurs à terre et, appuyant sa figure sur ses mains, se mit à pleurer.

Un soir, le cinquième à dater de leur première rencontre à Pompéi, Glaucus et Ione, accompagnés de quelques amis choisis, revenaient d'une excursion autour de la baie ; leur barque glissait légèrement sur les eaux, dont le brillant miroir n'était brisé que par les rames ruisselantes. Pendant que le reste de la compagnie s'entretenait gaiement, Glaucus, couché aux pieds d'Ione, n'osait la regarder. Elle rompit la première le silence.

« Mon pauvre frère ! dit-elle en soupirant ; comme il aurait savouré les délices de cette heure !

— Votre frère, dit Glaucus, je ne l'ai pas vu. Occupé de vous seule, je n'ai pensé à rien d'autre. Sans cela, je vous aurais demandé si ce n'était pas lui, ce jeune homme pour lequel vous m'avez quitté en sortant du temple de Minerve, à Néapolis.

— C'était lui.

— Et il est ici ?

— Il y est.

— À Pompéi, et sans être constamment avec vous ? Impossible.

— Il a d'autres devoirs, répondit Ione avec tristesse ; il est prêtre d'Isis.

— Si jeune encore, prêtre d'un culte si sévère ! s'étonna le Grec, dont le cœur était ardent et généreux. Qui a pu le conduire là ?

— Il était enthousiaste et plein d'une ferveur toute religieuse ; l'éloquence d'un Égyptien, notre ami et notre tuteur, éveilla en lui le pieux désir de consacrer sa vie à la plus mystérieuse de nos divinités.

— Et il ne le regrette pas ? Il est heureux ? »

Ione soupira profondément, et baissa son voile sur ses yeux.

« J'espère, dit-elle après un instant de silence, que son impatience ne lui a pas nui, car ceux qui comme lui attendent beaucoup sont souvent déçus.

— Alors il n'est pas heureux dans sa nouvelle condition. Et cet Égyptien était-il prêtre lui-même ? Avait-il intérêt à le recruter pour la troupe sacrée ?

— Non. Son seul intérêt était notre bonheur. Il croyait faire celui de mon frère. Nous étions orphelins.

— Comme moi », dit Glaucus d'une voix profondément émue.

Ione jeta les yeux sur lui en ajoutant :

« Arbacès a voulu remplacer notre père ; vous le connaîtrez, il aime les gens de mérite.

— Arbacès ! Je le connais déjà. Nous nous parlons, du moins quand nous nous rencontrons. Mais sans votre éloge, je ne souhaiterais pas le connaître davantage. Ce sombre Égyptien, avec son front nuageux et son sourire glacé, me semble attrister le ciel même.

— Cependant, il est bon, sage, et d'une humeur douce, répondit Ione.

— Qu'il est heureux d'être loué par vous ! Il n'a pas besoin d'autres vertus pour m'être cher.

— Son calme, sa froideur, reprit Ione sans répondre

directement, sont peut-être le résultat d'anciennes souffrances ; comme cette montagne voisine – elle montrait le Vésuve[1] – qui aujourd'hui semble si tranquille : elle nourrissait parfois des flammes qui sont désormais éteintes pour toujours. »

Leurs yeux se dirigèrent vers la montagne au moment où Ione achevait de parler : le reste du ciel était baigné de couleurs tendres et rosées ; mais sur le sommet gris du volcan, au milieu des bois et des vignes qui l'entouraient jusqu'à mi-hauteur, flottait un gros nuage noir et de mauvais augure, sinistre fausse note dans cet harmonieux paysage ; une ombre soudaine et indescriptible obscurcit leurs regards ; et, déjà poussés par leur amour à chercher, à la plus légère émotion, au moindre pressentiment, un refuge l'un près de l'autre, leurs yeux abandonnèrent en même temps la montagne, et se rencontrèrent dans une inimaginable expression de tendresse.

Arbacès avait peu fréquenté la maison d'Ione depuis quelque temps, et lorsqu'il y était allé, il n'avait pas rencontré Glaucus ; il ignorait l'amour qui faisait si soudainement obstacle à ses projets. Particulièrement occupé du frère d'Ione, il avait été momentanément forcé de suspendre ses visites à la sœur et d'ajourner ses desseins. Son orgueil et son égoïsme s'étaient réveillés tout à coup. Il tremblait à l'idée qu'il pouvait perdre un élève docile, et Isis un serviteur enthousiaste. Il se promit qu'Apœcides ne lui échapperait pas.

---

1. Volcan à proximité de Naples et dont la dernière éruption a eu lieu en 1944 (on en compte une trentaine depuis le 24 août 79).

Ainsi raisonnait-il, tout en traversant un bosquet situé dans l'intérieur de la ville, entre sa maison et celle d'Ione, lorsqu'il aperçut, appuyé contre un arbre, et regardant la foule, le jeune prêtre d'Isis.

« Apœcides ! » dit-il ; et il posa, d'un air tout amical, sa main sur l'épaule du garçon.

Le jeune prêtre tressaillit ; son premier mouvement fut de s'enfuir.

« Mon fils, dit l'Égyptien, qu'est-il arrivé pour que vous paraissiez empressé d'éviter ma présence ? »

Apœcides demeura silencieux et taciturne, le regard attaché à la terre et les lèvres tremblantes.

« Parle-moi, mon ami, continua l'Égyptien, parle ; qu'as-tu à me révéler ?

— À vous ? Rien.

— Et pourquoi m'exclure ainsi de tes confidences ?

— Parce que je vois en vous un ennemi.

— Expliquons-nous », dit Arbacès à voix basse ; puis, prenant le bras du prêtre sous le sien, et forçant sa résistance, il le conduisit vers un des bancs disposés dans le bosquet.

Apœcides était dans le printemps de son âge ; cependant il paraissait avoir plus vécu que l'Égyptien. Ses traits délicats et réguliers étaient pâles et fatigués, ses yeux renfoncés ne brillaient que d'un éclat fiévreux ; son corps se courbait prématurément, et, sur ses mains, délicates comme celles d'une femme, on remarquait de petites veines bleuâtres et tuméfiées par l'épuisement.

« Vous prétendez que j'ai été votre ennemi, dit Arbacès ; je connais la cause de cette injuste accusation. Je vous ai placé parmi les prêtres d'Isis ; vous vous révoltez de leurs supercheries et de leurs impostures. Vous pensez que je vous ai trompé.

— Vous connaissiez les jongleries de ce culte impie, répondit Apœcides ; pourquoi me les avoir cachées ? Lorsque vous me pressiez si vivement de me dévouer à cette profession dont je porte le costume, vous ne cessiez de me parler de la sainte vie de ces hommes consacrés à la science ; vous m'avez jeté au milieu d'un troupeau d'êtres ignorants et sensuels, qui ne connaissent rien d'autre que les fraudes les plus grossières ; vous me parliez d'hommes sacrifiant les plaisirs mondains à la sublime étude de la vertu, et me voici parmi des créatures qui ont tous les vices ; vous me parliez d'amis, de guides inspirés du genre humain ; je ne vois que des menteurs et des traîtres. »

Un sanglot convulsif étouffa la voix du prêtre.

« Ce que je t'ai promis, je te le donnerai, mon ami, mon élève, les choses dont tu te plains n'ont été que des épreuves pour ta vertu. Ne pense plus à toutes ces fourberies de bas étage... Il est temps de te distinguer des esclaves de la déesse, serviteurs subalternes de son temple. Tu es digne d'entrer dans l'enceinte sacrée. Je serai désormais ton guide ; et toi qui maudis en ce moment mon amitié, tu n'auras pas assez de ta vie pour la bénir.

— Et qu'as-tu donc à m'apprendre encore ? De nouvelles tromperies, de nouveaux...

— Non. Je t'ai précipité dans l'abîme de l'incrédulité, je veux te ramener sur les hauteurs de la foi. Tu as connu les faux-semblants, tu apprendras maintenant les réalités qui se cachent derrière. Viens me voir cette nuit. »

Ému, intrigué, fasciné par le langage de l'Égyptien, Apœcides lui tendit la main. Le puissant et profond esprit reprenait son empire sur sa jeune imagination.

Arbacès se dirigea d'un pas solennel vers la maison d'Ione. À son entrée, une voix, tout harmonieuse qu'elle était, résonna péniblement à son oreille : c'était celle du jeune et beau Glaucus, et, pour la première fois, un frisson de jalousie fit tressaillir le cœur de son rival.

Il trouva Glaucus assis dans le péristyle[1], à côté d'Ione. La fontaine, au milieu du jardin odorant, jetait dans l'air son écume d'argent, et répandait une délicieuse fraîcheur. Les femmes d'Ione qui ne la quittaient pas, tant elle gardait à chaque instant, malgré sa vie fort libre, la plus chaste retenue, se tenaient à peu de distance ; aux pieds de Glaucus était une lyre[2] sur laquelle il venait de jouer pour Ione un air lesbien.

Arbacès considéra le beau couple d'un œil qu'avait abandonné toute sa sérénité accoutumée. Il fit un effort sur lui-même, et s'approcha lentement, d'un pas léger et sans écho, si bien que nul ne l'entendit.

« Et pourtant, disait Glaucus, les poètes ne nous paraissent bien décrire l'amour que tant que nous ne sommes pas amoureux. Au moment où le soleil se lève, tous les astres qui brillaient pendant son absence s'évanouissent dans l'air. Comme eux, les poètes n'existent

---

1. Synonyme de portique, galerie à colonnes entourant un espace découvert.
2. Cithare plus légère. La cithare est l'instrument d'Apollon et la lyre, celui d'Orphée.

que dans la nuit du cœur ; mais dès que le dieu nous fait éprouver la puissance de ses rayons, ils ne comptent plus pour nous.

— Brillante comparaison, noble Glaucus ! »

Tous deux tressaillirent en apercevant derrière eux la figure froide et sarcastique de l'Égyptien.

« Un hôte inattendu ! dit Glaucus en se levant avec un sourire forcé.

— Je suis bien aise, dit Ione, de vous voir enfin tous les deux ensemble, car vous êtes faits pour devenir amis.

— Rendez-moi une quinzaine d'années, répliqua l'Égyptien, avant de me comparer à Glaucus. J'accepterais volontiers son amitié ; mais que lui offrirais-je en retour ? Quelles confidences aurions-nous à échanger ? Lui parlerais-je de banquets et de guirlandes de fête, de coursiers parthes[1], des chances au jeu ? Ce sont là les plaisirs habituels à son âge, à sa nature, à ses goûts ; ce ne sont pas les miens. »

Glaucus, dont les joues se colorèrent légèrement, s'empressa de répondre avec gaieté. Il avait sans doute le désir de déconcerter et d'humilier l'Égyptien.

« Vous avez raison, sage Arbacès, dit-il ; nous pouvons nous estimer l'un l'autre, mais nous ne saurions être amis ; mes banquets manquent de ce sel mystérieux qui, si l'on en croit la rumeur publique, assaisonne les vôtres. Et, par Hercule, lorsque j'aurai vos années, si, comme vous, j'estime sage de rechercher les plaisirs de l'âge mûr,

1. Les Parthes étaient connus pour leur talent de cavaliers.

je dirai tout le mal qu'il convient des galantes folies de la jeunesse. »

L'Égyptien jeta à Glaucus un regard perçant.

« Je ne vous comprend pas, dit-il froidement ; mais les gens d'esprit aiment à cultiver l'obscurité. »

Il détourna la tête à ces mots avec un sourire presque imperceptible, et, après un instant de silence, il s'adressa à Ione :

« Je n'ai pas été assez chanceux, belle Ione, pour vous rencontrer chez vous les deux ou trois dernières fois que je suis venu vous rendre visite.

— La douceur de la mer m'avait tentée », expliqua la jeune fille avec un léger embarras.

Cet embarras n'échappa pas à Arbacès, mais sans paraître le remarquer, il reprit en souriant :

« Vous savez que le vieil Euripide[1] a dit : "Les femmes doivent rester dans leur maison et y converser."

— Ce poète était un cynique, dit Glaucus : il haïssait les femmes.

— Il parlait selon la coutume de son pays, et ce pays était votre Grèce tant vantée.

— Autres temps, autres mœurs ; si nos ancêtres avaient connu Ione, ils auraient suivi une autre loi.

— Avez-vous appris ces manières galantes à Rome ? dit Arbacès avec une émotion mal déguisée.

— En tout cas, ce n'est pas en Égypte que j'aurais pu le faire, répondit Glaucus en jouant nonchalamment avec sa chaîne.

1. Poète tragique grec (480-406 avant J.-C.).

— Allons, dit Ione, s'empressant d'interrompre une conversation bien mal partie ; allons, allons, il ne faut pas qu'Arbacès soit si sévère pour sa pauvre pupille. Orpheline élevée sans les soins d'une mère, je puis être blâmée pour mon indépendance, il est vrai que ma façon de vivre est plus convenable pour un homme que pour une femme ; cependant, c'est celle à laquelle les femmes romaines sont accoutumées ; et les Grecques auraient raison de l'adopter. Hélas ! est-ce donc seulement chez les hommes que la liberté peut aller de pair avec la vertu ? L'esclavage qui pour vous est une malédiction devrait-il être considéré par nous autres femmes comme notre salut ?

— Puissiez-vous toujours penser ainsi, s'écria Glaucus, que l'innocence de votre cœur continue à vous guider ! Heureuse eût été la Grèce, si elle ne s'était pas contentée de réserver les privilèges de l'esprit aux femmes dépravées ! »

Lorsque Glaucus fut parti, Arbacès, rapprochant son siège de celui de la belle Napolitaine, dit d'une voix faussement adoucie et pénétrante :

« Ne croyez pas, ma douce pupille, s'il m'est permis de vous appeler ainsi, que je veuille gêner cette liberté dont vous savez vous faire un honneur ; mais il faut néanmoins que vous sachiez que les mauvaises langues ont vite fait de ternir la réputation d'une jeune fille ; je vous en conjure, n'excitez pas la convoitise.

— Que voulez-vous dire ?

— Ce jeune débauché, ce Glaucus, depuis combien de temps le connaissez-vous ? »

Tout en prononçant ces paroles, Arbacès jaugeait Ione du regard.

Après un mouvement de recul, la belle Napolitaine répondit, confuse :

« Il a été conduit chez moi par un des compatriotes de mon père, et je puis dire, par un des miens. Je ne le connais que depuis une semaine ; mais pourquoi ces questions ?

— Pardonnez-moi, dit Arbacès ; je croyais que vous connaissiez ce vil calomniateur depuis plus longtemps !

— Comment ! Que signifie ce terme ?

— N'importe. Je ne veux pas soulever votre indignation contre un homme qui ne mérite pas un tel honneur.

— Je vous supplie de parler. Que peut avoir dit Glaucus ? Ou plutôt, en quoi supposez-vous qu'il ait pu m'offenser ? »

Avec une lenteur calculée, Arbacès continua :

« Vous connaissez ses mœurs, ses compagnons, ses habitudes ; la table et le jeu, voilà ses seules occupations ; et dans la société du vice, comment pourrait-il apprécier la vertu ?

— Vous parlez toujours par énigmes. Au nom des dieux, dites tout ce que vous savez.

— Eh bien ! soit. Apprenez donc que ce Glaucus lui-même se vantait ouvertement, oui, dans les bains publics, de votre amour pour lui. Il s'amusait, disait-il, des progrès qu'il faisait sur votre cœur. Je dois lui rendre justice, il louait votre beauté : qui pourrait la nier ? Mais il riait dédaigneusement lorsque son Claudius lui demandait s'il vous aimait assez pour songer à vous épouser.

— Où avez-vous recueilli cette calomnie infâme ?

— Faut-il vous rapporter tous les commentaires des insolents qui ont répandu cette histoire dans la ville ? Soyez assurée qu'au premier abord je n'en ai rien cru ; seul le grand nombre de témoins a fini par me convaincre, et je ne vous dis cette vérité qu'à mon grand regret. »

Ione s'affaissa sur son siège, le visage blême.

« J'avoue, poursuivit Arbacès, ma vive irritation à voir votre nom courir de lèvre en lèvre aussi légèrement que celui de quelque danseuse. J'attendais avec impatience cette matinée pour vous avertir. J'ai rencontré Glaucus ici, et j'ai perdu tout empire sur moi-même. Pardonnez-vous à votre ami ? »

Ione mit sa main dans la sienne sans dire un mot.

« Ne parlons plus de cela, dit-il ; mais que ma voix soit entendue et qu'elle vous fasse réfléchir. Vous n'en souffrirez qu'un moment, Ione, car un être aussi frivole que Glaucus ne saurait avoir suscité en vous une pensée vraiment sérieuse. Ces insultes ne blessent que lorsqu'elles viennent d'une personne que nous aimons ; il sera tout autre, celui que la superbe Ione daignera aimer.

— Aimer, murmura Ione avec un rire convulsif ; ah ! oui, aimer ! »

L'Égyptien avait touché avec beaucoup d'adresse le point faible d'Ione, plantant son dard empoisonné dans son orgueil ; il crut avoir eu raison de ce qu'il considérait comme une simple fantaisie, et il quitta la jeune fille bien résolu à la surveiller chaque jour.

À peine l'ombre d'Arbacès eut-elle disparu, que la superbe Ione s'abandonna à son chagrin et à ses larmes.

L'obscurité descendait sur la cité bruyante, quand Apœcides se dirigea vers la maison de l'Égyptien. Il évitait les rues les plus éclairées et les plus populeuses ; et marchant tête baissée, le menton appuyé sur sa poitrine et les bras croisés sous sa robe, il offrait aux passants insouciants qu'il croisait le spectacle incongru de ses membres amaigris et de son maintien solennel.

Cependant un homme, qui à deux reprises était passé devant lui avec un regard curieux, lui toucha l'épaule.

« Apœcides, dit-il, et il fit un signe rapide avec la main ; c'était le signe de la croix.

— Ah ! Nazaréen[1], s'étonna le prêtre, qui devint pâle, que veux-tu ?

— Je ne voudrais pas interrompre ta méditation, continua l'étranger ; mais la dernière fois que je t'ai vu, il me semble avoir reçu meilleur accueil de ta part.

— Sois le bienvenu, Olynthus ; mais tu me vois triste et fatigué, et je ne suis pas capable de discuter ce soir sur les sujets qui te passionnent.

— Ô cœur lâche ! Tu es triste et fatigué ! Et tu veux t'éloigner des sources susceptibles de te rafraîchir et de te guérir. Ça ne m'étonne pas, Apœcides, si je t'importune, si je trouble ton esprit, si tu te perds dans le doute, mais écoute-moi avec un peu de patience : l'obscurité se dissipera, la tempête s'apaisera, et Dieu lui-même,

---

1. Habitant de Nazareth, ville où vécut le Christ en Palestine.

comme on l'a vu marcher sur les mers de Samarie[1], s'avancera sur les vagues tumultueuses de ton esprit pour délivrer ton âme. Tourne maintenant tes regards vers Dieu, le seul, le vrai, à l'autel duquel je veux te conduire. Viens, laisse-moi te guider. Écoute les paroles de Dieu : "Venez à moi, dit-il, vous tous qui êtes chargés d'un fardeau, et je vous donnerai le repos."

— Je ne puis te suivre maintenant, dit Apœcides ; une autre fois...

— Maintenant, maintenant ! » s'écria Olynthus avec chaleur en lui prenant le bras.

Mais Apœcides, qui n'était pas encore prêt à renoncer à une croyance pour laquelle il avait déjà tant sacrifié, et qui subissait toujours l'empire des promesses de l'Égyptien, se dégagea avec force des mains d'Olynthus. Il s'enfuit...

Épuisé et presque hors d'haleine, il arriva enfin à un endroit écarté et solitaire de la ville, et ne s'arrêta que devant la maison isolée d'Arbacès.

Il traversa les vignes courbées en berceau et s'approcha du large et spacieux portique au-devant duquel, des deux côtés des marches, reposait le sphinx égyptien[2]. La lueur de la lune ajoutait encore un calme solennel à ces harmonieuses et impassibles images. À l'extrémité du perron, se déployait le feuillage vert et dense d'un aloès, et l'ombre du palmier oriental tombait de ses longues branches sur le marbre de l'escalier.

---

1. Une région de la Palestine.
2. Monstre à tête humaine et corps de lion qui dévorait ceux qui ne pouvaient répondre à ses questions. En Égypte, gardiens des tombeaux.

Il frappa à la porte, au-dessus de laquelle était sculptée une inscription dont les caractères ne lui étaient pas familiers ; la porte s'ouvrit sans bruit, et un esclave égyptien de haute taille, sans le questionner ni le saluer, lui fit signe d'avancer.

La vaste salle où il entrait était éclairée par de majestueux candélabres de bronze ; les murs en étaient couverts d'hiéroglyphes aux couleurs sombres et sévères qui contrastaient avec les brillantes nuances et les formes gracieuses de l'écriture romaine. Du bout de la salle, un autre esclave s'avança à sa rencontre.

« Je cherche Arbacès », dit le prêtre, et sa voix tremblait, même à ses propres oreilles. L'esclave inclina la tête en silence, et, conduisant Apœcides vers une aile extérieure de l'appartement, il le fit passer par un étroit escalier et traverser plusieurs chambres dont, pour chacune, le sphinx constituait le principal élément et, dans son impassible beauté, le plus remarquable. Apœcides se trouva enfin dans une salle à demi éclairée, en présence de l'Égyptien.

Arbacès était assis devant une petite table sur laquelle se déployaient quelques rouleaux de papyrus. À peu de distance s'élevait un petit trépied où brûlait l'encens ; à côté un large globe où tous les signes du ciel étaient peints. L'extrémité opposée de la salle était cachée par un rideau, et la fenêtre oblongue du toit laissait pénétrer les rayons de la lune.

« Asseyez-vous, Apœcides », dit l'Égyptien sans se lever.

Le jeune homme obéit.

« Ce que vous attendez de moi, reprit Arbacès, c'est la révélation des plus grands secrets que l'âme humaine puisse jamais contenir ; c'est l'énigme de la vie elle-même que vous désirez résoudre. Que devons-nous croire ? Que devons-nous rejeter ? »

Apœcides baissa la tête en signe d'assentiment.

« Il faut une croyance à l'homme, continua l'Égyptien d'un ton grave ; il doit attacher ses espérances à quelque chose. Je vous ai avoué que ces déités en l'honneur desquelles on fait fumer tant d'encens n'étaient que des inventions. Je vous ai avoué que nos rites et nos cérémonies n'étaient que des enfantillages, imaginés pour abuser le troupeau des hommes dans son propre intérêt. Gardons pourtant ces supercheries salutaires ; puisqu'il faut une croyance à l'homme, qu'il profite de celle que ses pères lui ont rendue chère, celle que l'usage sanctifie et fortifie. Oui, je veux conserver les artifices de nos prêtres, parce que ces artifices sont utiles à la multitude ; mais pour moi-même, je réclame l'exception. Je donne au monde la sagesse, je garde pour moi la liberté. J'éclaire l'existence des autres et je jouis de la mienne. Notre vie est courte ; sachons en profiter pendant que nous la possédons. Elle vient assez tôt, l'heure où la coupe est brisée, où les guirlandes cessent de fleurir pour nous... D'une part, je t'enseignerai le mécanisme de la nature, ses plus profonds et ses plus sombres secrets, la science que les fous appellent magie, et les puissants mystères des étoiles. Ainsi tu rempliras tes devoirs envers les hommes. Mais je t'initierai aussi à des plaisirs que le vulgaire ne connaît pas. »

2

Transportons-nous maintenant dans un de ces quartiers de Pompéi qui n'étaient pas habités par les maîtres du plaisir, mais par ses victimes, dans l'antre des gladiateurs[1] et des lutteurs à gages[2], des misérables, des vagabonds et des débauchés.

C'était une vaste salle qui s'ouvrait sur une allée étroite et populeuse. Devant le seuil se tenait un groupe d'hommes en qui les muscles de fer, les cous trapus, herculéens, les physionomies pleines d'audace, dénotaient les champions de l'arène. Sur une tablette, en dehors de la boutique, on voyait rangées des cruches de vin et d'huile au-dessus desquelles, sur le mur, une grossière

1. Esclaves ou prisonniers combattant des hommes ou des bêtes souvent jusqu'à la mort.
2. Combattants libres payés.

peinture représentait des gladiateurs buvant, tant est ancienne la mode des enseignes. Des espèces de petites loges, garnies de tables séparées, occupaient l'intérieur de la salle. Autour d'elles étaient assis des groupes d'hommes dont les uns buvaient tandis que d'autres jouaient aux dés. « Par Pollux ! s'écria un des gladiateurs en s'appuyant contre le mur d'entrée et en frappant sur l'épaule d'un gros personnage, le vin que tu nous vends, Burbo, vieux Silène, rendrait clair comme de l'eau le sang le plus épais ! »

L'homme à qui s'adressait ce propos, et que ses bras nus, son tablier blanc, ses clefs et sa serviette négligemment passée dans sa ceinture désignaient clairement comme l'hôtelier de la taverne, n'était plus tout jeune ; mais ses membres étaient encore si robustes et si athlétiques qu'ils auraient pu faire honte aux muscles des plus vigoureux assistants.

« Trêve de plaisanterie, répliqua l'aubergiste avec l'aimable rugissement d'un tigre offensé ; mon vin est toujours assez bon pour une carcasse qui mangera sous peu la poussière du spoliarium[1].

— Écoutez-moi croasser ce vieux corbeau ! railla le gladiateur avec mépris ; tu vivras assez, j'espère, pour te prendre de dépit en me voyant obtenir la couronne de palmier ; et dès que j'aurai gagné la bourse de l'amphithéâtre, ma première parole sera certainement pour vous maudire à jamais, toi et ta sale piquette.

— Hé ! Sporus, Niger, Tétraidès ! Vous entendez ça ?

---

1. L'endroit où l'on traînait ceux qui étaient tombés morts ou mortellement blessés dans l'arène.

Il prétend vous prendre la bourse sous le nez. Par les dieux, un seul de vos muscles est assez fort pour l'étouffer tout entier, ou alors je ne connais plus rien à l'arène.

— Quoi ! s'indigna le gladiateur, dont la fureur commençait à colorer le visage, ce n'est pas ce que dirait notre lanista[1] !

— Que pourrait-il dire contre moi, orgueilleux Lydon ? répliqua Tétraidès en fronçant le sourcil.

— Ou contre moi, qui ai triomphé dans quinze combats ? s'écria le gigantesque Niger en s'approchant du gladiateur.

— Ou contre moi ? rugit encore Sporus, les yeux en feu.

— Assez ! répliqua Lydon en se croisant les bras et en regardant ses rivaux d'un air de défi ; l'heure de l'épreuve ne tardera pas. Gardez vos forces jusque-là.

— Entendu, dit l'hôte avec aigreur, mais si je lève le petit doigt pour te sauver, que le destin tranche sur-le-champ le fil de mes jours.

— Parlez plutôt de corde, pas de fil, dit Lydon. Tenez, voilà un sesterce pour en acheter une. »

Le titan marchand de vin saisit la main qu'on lui tendait et la serra si violemment que le sang jaillit du bout des doigts sur les vêtements des assistants.

« Voilà pour t'apprendre à jouer au Macédonien[2] avec moi, jeune présomptueux ! Je ne suis pas de ces femmelettes de Perses[3], je te le garantis. Qui est-ce qui a com-

1. Celui qui achetait, formait ou vendait des gladiateurs.
2. Province du nord de la Grèce dans l'Antiquité.
3. Habitant de la Perse, en Asie Mineure, autrefois ennemie de la Grèce.

battu vingt fois dans l'arène et n'a jamais baissé les bras ? Qui est-ce qui a reçu la permission de se retirer sur ses lauriers ? Et il faudrait maintenant que j'écoute les leçons d'un marmot ? »

Le gladiateur avait subi la terrible étreinte sans que bougeât un de ses muscles. Mais à peine eut-il repris la liberté de ses mouvements, que, rampant comme un chat sauvage, il poussa un cri féroce et s'élança à la gorge du géant. Ceci avec tant d'impétuosité que, malgré sa corpulence et sa vigueur, il lui fit perdre l'équilibre. L'aubergiste tomba dans un fracas de rocher qui s'écroule, et son furieux adversaire roula sur lui.

Notre hôte n'aurait pas eu besoin de la corde que lui offrait si généreusement Lydon, s'il était resté trois minutes de plus dans cette position ; mais le bruit de sa chute fit accourir à son aide une femme qui s'était tenue jusqu'alors dans une chambre de derrière. Cette nouvelle alliée était de force à lutter toute seule contre le gladiateur. Elle était de haute taille, plutôt maigre, mais elle avait des bras capables de donner tout autre chose que de doux embrassements. En effet, la gracieuse compagne de Burbo, le marchand de vin, avait comme lui combattu dans le cirque, et même sous les yeux de l'empereur. Burbo, l'invincible Burbo, comme on l'appelait, cédait quelquefois la palme à sa douce Stratonice. Cette aimable créature ne vit pas plutôt l'imminent péril où se trouvait son époux, que, sans autres armes que celles que la nature lui avait accordées, elle se précipita sur le gladiateur et, le saisissant par le milieu du corps, le souleva au bout de ses longs bras pareils à deux serpents. Il se retrouva suspendu au-dessus de l'aubergiste, ses deux mains encore accrochées au cou de celui-ci.

Pendant ce temps, les gladiateurs nourris de sang depuis leur enfance, brusquement mis en appétit, entourèrent joyeusement les combattants... Leurs narines s'ouvrirent, leurs lèvres ricanèrent, leurs yeux se fixèrent avidement sur la gorge saignante de l'un et sur les griffes acérées de l'autre.

« Il a son compte, hurlaient-ils.

— C'est ce qu'on va voir ! » cria l'intéressé en se délivrant par un puissant effort des mains terribles de Lydon ; et se dressant sur ses pieds, respirant à peine, déchiré, sanglant, il grinça des dents. Son regard, d'abord voilé, s'enflamma de colère à la vue de son adversaire qui se débattait entre les mains de la fière amazone[1].

« Beau jeu, s'écrièrent les gladiateurs, un contre un ! » Et, entourant les combattants, ils séparèrent Lydon de l'aubergiste revenu à la charge.

Mais Lydon, rougissant de sa position, et essayant en vain de se débarrasser de l'étreinte de la virago[2], mit la main à sa ceinture et en tira un petit couteau. Son regard était si menaçant, et la lame du couteau si brillante, que Stratonice la lâcha et recula.

Elle tourna le dos avec dédain, et s'empressa d'examiner l'état de son mari. Mais celui-ci était déjà remis. Il se secouait avec un grognement de satisfaction, heureux de se sentir encore vivant.

---

1. Femme guerrière d'Asie Mineure combattant les Grecs.
2. Femme autoritaire.

« Par Castor ! dit-il, tu es un gaillard plus vigoureux que je ne le croyais ; donne-moi la main.

— Très bien, vieux Burbo ! s'écrièrent les gladiateurs en applaudissant. Donne-lui ta main, Lydon.

— Avec plaisir, dit le gladiateur ; mais à présent que j'ai goûté de son sang, j'ai envie d'en boire encore.

— Par Hercule ! répliqua l'hôte sans s'émouvoir, excellente idée de gladiateur. Ce que c'est qu'une éducation bien faite !

— C'est bien, c'est bien, dit Stratonice, si vous êtes bons amis maintenant, je vous recommande de vous tenir convenablement : car quelques jeunes patriciens, vos patrons et parieurs, ont envoyé dire qu'ils viendraient vous rendre visite ; ils désirent vous voir plus à leur aise qu'aux écoles, avant de régler leur enjeu pour le grand combat de l'amphithéâtre. Ils savent bien que nous ne recevons que les meilleurs gladiateurs de Pompéi, société choisie, grâce aux dieux !

— Oui, continua Burbo en vidant une coupe ou plus exactement un seau de vin ; un homme qui a conquis autant de lauriers que moi ne peut encourager que les braves. Lydon, bois, mon enfant. Puisses-tu avoir une vieillesse honorable comme la mienne !

— Viens, dit Stratonice à son mari en lui tirant affectueusement les oreilles.

— Pas si fort, louve ! Tu es pire que le gladiateur.

— Chut ! dit-elle à voix basse. Calénus vient de se glisser ici par la porte de derrière. Il est déguisé. J'espère qu'il apporte les sesterces.

— Oh ! oh ! je vais le trouver, dit Burbo. En attendant, ne perds pas les coupes de vue, et fais attention au compte de chacun. Ne te laisse pas tromper, femme ; ce sont des héros, mais ce sont aussi de vrais fripons...

— Ainsi, ces doux patrons vont venir examiner nos muscles ? dit Niger. Qui t'a fait avertir de cela, hôtesse ?

— Lépidus. Il amène avec lui Claudius, le plus sûr parieur de Pompéi, et le jeune Grec Glaucus.

— Un pari à propos d'un pari, cria Tétraidès ; vingt sesterces que Claudius pariera sur moi ; qu'en dis-tu, Lydon ?

— Je dis que ce sera sur moi.

— Non, sur moi, ajouta à son tour Sporus.

— Pauvres fous ! Croyez-vous qu'il puisse préférer quelqu'un à Niger ? remarqua celui-ci en toute modestie.

— Allons, bien ! poursuivit Stratonice en perçant une grande amphore[1] pour ses hôtes qui venaient de s'asseoir autour de l'une des tables ; hommes forts et braves comme vous pensez l'être, lequel de vous combattra le lion de Numidie[2], dans le cas où aucun criminel ne se présenterait pour vous priver de cet honneur ?

— Moi qui ai échappé à vos griffes, dit Lydon, je crois bien pouvoir l'affronter, ce lion.

— Mais dites-moi, demanda Tétraidès en s'adressant à l'hôtesse, où donc est votre jeune et jolie esclave, la pauvre aveugle dont les yeux sont si brillants ? Il y a longtemps que je ne l'ai vue.

— Oh ! elle est trop délicate pour une taverne. Nous

1. Grand récipient en terre cuite, pointu à la base.
2. Lion venant d'une région d'Afrique du Nord, la Numidie.

l'envoyons vendre des fleurs en ville et chanter des chansons aux dames. Elle nous gagne plus d'argent ainsi qu'en demeurant à vous servir.

— Mais, dit Lydon, comment vous est donc venue cette esclave si jeune et si gentille ?... Elle serait plus à sa place comme suivante d'une riche matrone de Rome.

— C'est vrai, et je compte bien faire fortune un de ces jours en la vendant. Vous me demandez comment Nydia nous est venue ? Vous vous rappelez Staphyla, Niger ?

— Parfaitement. Une fille avec des mains larges comme ça et une figure à se tordre de rire...

— Quand Staphyla mourut, ce fut une grande perte pour moi. Je finis tout de même par aller au marché pour acheter une autre esclave. Mais, par les dieux ! elles étaient devenues si chères, et l'argent était si rare, que j'étais sur le point de quitter la place, au comble du découragement, lorsqu'un marchand me tira par la robe. "Maîtresse, dit-il, veux-tu acheter une esclave à bon marché ? J'ai une enfant à vendre : une affaire en or ! Elle est très petite, toute jeune encore, c'est vrai ; mais vive et douce, docile et adroite ; elle chante bien et elle est de bonne race, je t'assure.

"— De quelle contrée est-elle ? dis-je.

"— De Thessalie." Je savais que les Thessaliennes étaient avisées et gentilles ; je lui demandai à voir sa fille. Je la trouvai comme vous la voyez maintenant. Elle avait un air patient et résigné, les mains croisées sur sa poitrine, et les yeux baissés. Je m'informai du prix. Il était raisonnable, et je l'achetai sur-le-champ. Le marchand l'amena à la maison et disparut aussitôt. Songez, mes amis, à mon étonnement lorsque je m'aperçus qu'elle était aveugle. Ah ! ah ! un rusé coquin que ce marchand ! Je cours porter plainte aux magistrats, mais le drôle avait déjà quitté Pompéi. Je fus forcée de revenir chez moi, et de fort mauvaise humeur, je vous l'avoue : la pauvre fille en ressentit les effets, mais ce n'était pas sa faute si elle était aveugle ; elle l'était depuis sa naissance. Peu à peu, nous nous réconciliâmes. Elle n'avait pas, assurément, la force de Staphyla, et elle était de peu d'utilité dans la maison. Mais elle savait trouver son chemin dans la ville, comme si elle possédait les yeux d'Argus[1] ; et, lorsque nous vîmes un matin qu'elle nous rapportait une poignée de sesterces qu'elle avait gagnés à vendre des fleurs cueillies dans notre petit jardin, nous pensâmes que c'étaient les dieux qui nous l'avaient envoyée. Depuis ce temps-là, nous la laissons aller où elle veut, remplissant sa corbeille de fleurs, qu'elle tresse en guirlandes, selon la mode thessalienne, ce qui plaît aux jeunes gens : le grand monde s'est pris d'affection pour elle ; on lui paie ses fleurs bien plus cher qu'aux autres bouquetières et elle rapporte tout ce qu'elle gagne à la maison, ce qu'aucune autre esclave ne ferait. Elle a sûrement été enlevée à des parents honnêtes par un voleur thessalien quelconque. Outre son adresse à composer des guirlandes, elle a le talent de jouer de la cithare[2] pour accompagner ses chants, c'est encore d'un bon rapport ; et enfin, dernièrement... mais ceci est un secret.

1. Personnage qui possédait cent yeux.
2. Instrument de musique à cordes.

— Cesse ton commérage, bonne maîtresse, et apporte-nous à manger. J'ai faim, dit Sporus.

— Et moi aussi », ajouta le morose Niger en passant son couteau sur la paume de sa main.

Enveloppé dans un de ces larges manteaux à capuchon[1] que les Romains adoptèrent à mesure qu'ils abandonnaient la toge[2], Calénus s'assit dans la petite chambre particulière du marchand de vin, qui communiquait dans une entrée dérobée comme il s'en trouvait dans presque toutes les maisons de Pompéi.

En face de lui, l'imposant Burbo comptait avec soin, sur la table qui les séparait, une pile de monnaie que le prêtre venait de tirer de sa bourse.

« Tu vois, dit Calénus, que nous te payons grassement, et tu devrais me remercier.

— C'est ce que je fais, cher Calénus, c'est ce que je fais », répondit Burbo en plaçant la monnaie dans une bourse de cuir, puis la bourse dans sa ceinture, dont il serra la boucle autour de sa vaste taille. « Ma petite Nydia est une véritable Hespéride, un jardin d'or pour moi.

— Elle chante et joue de la cithare comme une Muse[3], reprit Calénus ; ce sont des talents que celui qui m'emploie paie toujours généreusement.

— C'est un dieu ! s'écria Burbo avec enthousiasme.

1. Vêtement typiquement gaulois très chaud.

2. Grande pièce d'étoffe dans laquelle se drapaient les Romains lors de cérémonies importantes.

3. Déesse (il y en avait 9) protectrice des arts, comme le théâtre, la musique, l'histoire etc.

Tout homme riche qui est généreux mérite des autels ! Mais allons, mon vieil ami, une coupe de vin et dis-moi un peu ce qu'il en est. Qu'a-t-elle ? Elle est tout effrayée, elle parle d'un serment qu'on a exigé d'elle et ne veut rien révéler.

— J'ai fait moi aussi le vœu de garder le secret.

— Est-ce qu'il y a des serments pour nous autres ?

— Pour les serments ordinaires, je ne dis pas, mais celui-ci... »

Et le prêtre frémit à ces paroles.

« Cependant, ajouta-t-il en remplissant une large coupe de vin pur, je t'avouerai que ce n'est pas tant le serment que je crains que la vengeance de l'homme. Par les dieux ! c'est un puissant magicien, il saurait tirer ma confidence de la lune, si j'avais eu la faiblesse de la prendre pour confidente. »

À cet instant, ils entendirent un léger bruit à la porte et le prêtre rabattit son capuchon.

« Précaution inutile, dit l'hôte ; ce ne peut être que la jeune aveugle. »

Nydia ouvrit en effet la porte et entra.

« Ah ! fillette, comment te portes-tu ? Tu es pâle, tu as veillé tard à ce banquet ?

— Maître, vous pouvez me laisser mourir de faim, si vous voulez ; vous pouvez me battre, me menacer de mort ; mais je n'irai plus dans cette maison.

— Tu te révoltes, à ce que je vois ? Prends garde, s'écria Burbo d'une voix sauvage.

— Je ne changerai pas d'avis, insista la jeune fille.

— Alors, ma douce, ma modeste vestale[1], si tu ne veux pas y aller, on t'y portera.

— Je remplirai la ville entière de mes cris.

— Tu iras avec un bâillon.

— Alors ! dit-elle en se levant, je porterai plainte aux magistrats.

— Souviens-toi de ton serment », intervint pour la première fois Calénus, d'une voix caverneuse.

À ces mots, un tremblement nerveux agita la jeune aveugle ; elle joignit les mains comme pour une prière.

« Malheureuse que je suis ! » s'écria-t-elle, et elle laissa échapper de violents sanglots.

Soit que les bruyantes manifestations de ce chagrin eussent attiré Stratonice, soit qu'elle vînt par hasard, sa figure décharnée apparut à cet instant dans la chambre.

« Que faites-vous à mon esclave, brute ? lança-t-elle à Burbo.

— Calme-toi, femme. Tu veux des ceintures neuves et de beaux habits, n'est-ce pas ? Eh bien, fais attention à tes esclaves, ou tu n'en auras pas de longtemps. Malheur à toi, misérable fille !

— Qu'y a-t-il donc ? » reprit la sorcière en regardant tantôt l'un, tantôt l'autre.

Soudain, Nydia se jeta d'un bond aux pieds de Stratonice.

« Ô ma maîtresse ! dit-elle en pleurant, vous êtes une femme, vous avez été jeune comme moi... ayez pitié de

1. Prêtresse de la déesse Vesta, chargée d'entretenir le feu sacré dans le temple de cette dernière.

moi… sauvez-moi… je ne veux plus aller à ces horribles festins…

— Tais-toi ! dit la sorcière en secouant durement une des mains de la jeune fille. Ces beaux scrupules ne sont pas faits pour des esclaves !

— Écoutez, dit Burbo, tirant sa bourse et faisant sonner son contenu. Écoutez cette musique, femme ; par Pollux ! si vous ne savez pas brider cette pouliche, vous ne l'entendrez plus.

— La jeune fille est fatiguée, dit Stratonice en s'adressant à Calénus. Elle sera plus docile la prochaine fois que vous en aurez besoin.

— Écoutez-moi, supplia Nydia, je vous ai servie fidèlement. Commandez-moi n'importe quoi d'autre et j'obéirai ; mais je vous le dis maintenant : je n'irai plus dans ce lieu, ou, si j'y suis forcée, j'implorerai la protection du préteur[1] lui-même… »

Les yeux de la sorcière flamboyaient ; d'une main elle saisit l'enfant par les cheveux et leva l'autre pour la frapper. Mais le moindre coup risquait d'anéantir la fragile créature. Cette considération parut frapper Stratonice, car elle suspendit son geste. Changeant de dessein, elle attira Nydia près du mur ; elle en détacha une corde et les cris de la pauvre aveugle retentirent bientôt dans toute la maison.

« Holà, mes braves compagnons, dit Lépidus en baissant la tête pour entrer par la porte basse de la maison

---

1. Magistrat chargé de rendre la justice.

de Burbo, nous sommes venus voir qui de vous fera plus d'honneur à notre lanista. »

Les gladiateurs se levèrent de la table avec respect en voyant entrer trois jeunes gens connus pour être des meilleurs vivants et des plus riches de Pompéi. En outre, la réputation de l'amphithéâtre à travers la cité tenait en grande partie à ce que tous trois en disaient.

« Quels beaux animaux ! déclara Claudius à Glaucus ; ils sont vraiment dignes d'être gladiateurs !

— C'est une pitié qu'ils ne soient pas soldats, dit Glaucus.

— Ah ! Niger, demanda Lépidus, comment vous battez-vous, et avec qui ?

— Sporus m'a défié, répondit le géant, et ce sera, j'espère, un combat à mort.

— Certainement, reprit Sporus en clignant ses petits yeux.

— Il prend l'épée, moi le nœud et le trident. J'espère que le survivant aura de quoi se montrer digne de la couronne.

— Ne crains rien, nous remplirons ta bourse, assura Claudius ; voyons, vous vous battez avec Niger. Glaucus, un pari ; je prends Niger.

— Je vous le disais, s'écria Niger d'un air triomphant ; le noble Claudius me connaît. Tu peux déjà t'estimer mort, Sporus. »

Claudius tira ses tablettes.

« Je parie dix sesterces ! Cela vous va-t-il ?

— Soit, dit Glaucus ; mais qui donc est celui-ci ? Je n'ai jamais vu ce brave auparavant. »

Et il jeta un regard sur Lydon, dont les membres étaient plus élégants que ceux de ses compagnons ; un reste de grâce et de noblesse brillait encore dans ses traits ; sa nouvelle profession n'avait pas dépouillé sa personne de tout charme.

« C'est Lydon, le plus jeune d'entre nous, qui ne s'est encore servi que d'une épée de bois, dit Niger ; mais il a du bon sang dans les veines, il a déjà provoqué Tétraidès.

— C'est lui qui m'a défié, dit Lydon ; j'ai accepté son défi.

— Et comment combattrez-vous ? demanda Lépidus. Croyez-moi, mon enfant, vous avez intérêt à attendre encore un peu avant de vous en prendre à Tétraidès. »

Lydon sourit dédaigneusement.

« Étendez le bras, Lydon », reprit Lépidus d'un air de connaisseur.

Le gladiateur allongea un bras qui, s'il n'était pas aussi énorme que les leurs, était pourvu de muscles si fermes que les trois visiteurs en même temps poussèrent un cri d'admiration.

« Bien, jeune homme ; quelle est votre arme ?

— Nous combattrons d'abord avec le ceste[1] ; après, si nous sommes tous les deux encore en vie, avec l'épée, s'empressa d'ajouter Tétraidès.

— Avec le ceste ? cria Glaucus ; vous avez tort, Lydon. Vous êtes trop maigre ; j'insiste, évitez le ceste.

— Pas question, répondit Lydon.

---

1. Sorte de gant de boxe en cuir renforcé de métal.

— Et pourquoi ?

— Je vous l'ai dit, parce qu'il m'a défié.

— Mais il ne vous forcera pas à prendre une arme plutôt qu'une autre.

— C'est mon honneur qui m'y force, répondit Lydon.

— Je mets sur Tétraidès deux contre un au ceste, reprit Claudius, et au pair à l'épée ; vous m'avez entendu, Lépidus ?

— Même si vous m'offriez trois contre un, je n'accepterais pas, répliqua Lépidus. Lydon n'en viendra jamais à l'épée.

— Vous, Glaucus, qu'en pensez-vous ? demanda Claudius.

— Va pour trois contre un... »

Claudius inscrivit le pari sur ses tablettes.

« Pardonnez-moi, noble patron, dit Lydon à voix basse à Glaucus ; combien pensez-vous que le vainqueur gagnera ?

— Peut-être sept cents sesterces.

— Autant que cela ! En êtes-vous sûr ?

— Oui, au moins. Mais honte à toi ! Un Grec aurait songé à l'honneur, pas à l'argent. Maudits Italiens, vous serez toujours les mêmes ! »

Le gladiateur rougit.

« Ne me jugez pas mal, noble Glaucus, je songe aux deux ; mais je ne me serais jamais fait gladiateur, si je n'avais manqué d'argent.

— Tiens, je ne vois pas Burbo : où est Burbo ? s'écria Claudius.

— Il est là, dit Niger en montrant la chambre qui se trouvait à l'extrémité de la salle.

— Et la gracieuse Stratonice ?

— Elle était ici quelques instants avant votre arrivée ; mais elle a entendu je ne sais quel bruit qui lui déplaisait, et elle a disparu. »

À cet instant, un grand cri d'angoisse et de terreur fit tressaillir toute l'assemblée.

« Épargnez-moi ! Épargnez-moi ! Je ne suis qu'une enfant, je suis aveugle !... Est-ce que je n'ai pas déjà suffisamment payé ?

— Par Pallas ! je reconnais cette voix, c'est celle de ma pauvre bouquetière », s'écria Glaucus, et il s'élança vers l'endroit d'où partaient ces cris.

Il ouvrit vivement la porte ; il vit Nydia se tordant sous l'étreinte de la vieille en furie ; la corde, déjà teintée de sang, tournoyait en l'air. Il s'en empara d'une main.

« Furie ! » dit Glaucus et, de son autre main, il arracha Nydia à la vieille. « Comment osez-vous maltraiter ainsi une jeune fille, une enfant ?... Ma pauvre Nydia !

— Oh ! C'est donc vous ? C'est bien Glaucus ? » s'écria la bouquetière dans un indicible transport. Les larmes s'arrêtèrent sur ses joues ; elle sourit, se pressa sur sa poitrine, et baisa sa robe en s'y accrochant.

« Et comment osez-vous, insolent étranger, vous interposer entre une femme libre et son esclave ? Je doute que vous soyez un citoyen romain, mon petit homme !

— Du calme, maîtresse, dit Claudius, qui entrait avec Lépidus. C'est mon ami, épargnez-lui ce langage, ma colombe.

— Rendez-moi mon esclave ! s'écria la virago en plaquant sa main puissante sur la poitrine du Grec.

— Sûrement pas ; quand toutes les Furies[1], vos sœurs, vous assisteraient. Ne crains rien, Nydia ; un Athénien n'a jamais abandonné les malheureux.

— Holà ! dit Burbo en se levant. Pourquoi tout ce bruit à propos d'une esclave ? Laissez tranquille ce jeune patricien[2], femme, et faites grâce pour cette fois à cette impertinente.

— Oh ! ne m'abandonnez pas, s'écria Nydia, s'accrochant de plus belle à l'Athénien.

— Qui aurait pu penser que notre Nydia pouvait susciter autant d'intérêt ? » dit la virago en essuyant la sueur de son front.

Glaucus regarda Burbo.

« Brave homme, dit-il, c'est votre esclave ; elle chante bien ; elle a l'habitude de soigner les fleurs. Je veux faire présent d'une esclave pareille à une dame. Voulez-vous me la vendre ?

— Vendre notre Nydia ! Que non ! s'écria Stratonice.

— Imbéciles ! dit Claudius d'un ton important. Vous devez faire cela pour moi. Allons, l'homme et la femme, si vous m'offensez, vous êtes perdus. Burbo n'est-il pas le client de mon cousin Pansa ? Ne suis-je pas l'oracle de l'amphithéâtre[3] et de ses champions ? Je n'ai qu'à dire

---

1. Divinités terribles des Enfers.
2. Personne qui appartenait à la plus haute classe de la société romaine.
3. Grande arène ovale avec des gradins pour les jeux et les combats de gladiateurs (voir ce mot).

un mot pour que vous brisiez toutes vos cruches et fermiez votre auberge. Glaucus, l'esclave est à vous. »

Burbo, embarrassé, grattait sa large tête :

« La fille vaut son pesant d'or.

— Dites votre prix, répondit Glaucus.

— J'ai payé six cents sesterces pour elle, elle en vaut douze cents maintenant, murmura Stratonice.

— Je vous en donne deux mille.

— Je n'aurais pas vendu cette chère enfant pour dix mille, dit Burbo adroitement ; je ne vous la cède que pour faire plaisir au noble Claudius. Vous me recommanderez à Pansa pour un emploi de placeur à l'amphithéâtre, noble Claudius !

— Vous l'aurez », dit Claudius en ajoutant avec un sourire : « Ce Grec peut faire votre fortune ; l'argent coule dans ses doigts comme l'eau dans un crible : marquez ce jour d'une pierre blanche.

— Alors, alors, je vais m'en aller avec vous... Quel bonheur ! murmura Nydia.

— Oui, ma belle enfant, et ta tâche la plus rude sera désormais de chanter les hymnes de la Grèce à la plus aimable dame de Pompéi. »

Les traits de la jeune fille, si joyeux tout à l'heure, changèrent instantanément ; elle murmura :

« Je croyais que j'allais chez vous.

— Oui, pour le moment... Mais viens... Nous perdons du temps. »

Le soleil du matin éclairait le petit jardin odorant renfermé dans le péristyle de la maison de l'Athénien. Glaucus était couché, triste et distrait, sur le gazon lisse et frais. Un dais léger protégeait sa tête contre les rayons du soleil d'été.

« Voilà trois jours, Nydia, que tu es sous la protection des dieux de ma maison. Es-tu heureuse ?

— Oh ! oui, heureuse, dit l'esclave en soupirant.

— Et maintenant, continua Glaucus, que tu es un peu remise des détestables souvenirs de ta condition précédente, maintenant que tu t'es accoutumée à un bonheur que je prie les dieux de te conserver toujours, je vais te demander un service.

— Ah ! que puis-je faire pour vous ?

— Écoute-moi, toute jeune que tu es, tu seras ma confidente. As-tu jamais entendu prononcer le nom d'Ione ? »

La jeune aveugle pâlit, brusquement oppressée.

« Oui, j'ai entendu dire qu'elle est de Néapolis et qu'elle est belle.

— Bien belle ! Elle est de Néapolis, en effet, mais Grecque d'origine ; la Grèce seule peut produire de si admirables créatures. Nydia, je l'aime.

— Je le pensais, dit Nydia avec calme.

— Je l'aime, et tu le lui diras. Je vais t'envoyer chez elle. Heureuse Nydia ! Tu pénétreras dans sa chambre... tu t'enivreras de la musique de sa voix...

— Vous voulez me séparer de vous ?

— Mais tu seras chez Ione », poursuivit Glaucus, d'un ton qui voulait dire : « Que peux-tu désirer de plus ? »

Nydia fondit en larmes. Glaucus, se levant, l'attira vers lui avec les douces caresses d'un frère.

« Tu pleures dans l'ignorance du bonheur qui t'attend ; Ione est aimable et bonne, et douce comme le souffle du printemps. Elle sera une sœur pour ta jeunesse. Elle appréciera tes talents enchanteurs... elle aimera plus que personne tes grâces simples, parce qu'elles ressemblent aux siennes. Mais je ne prétends pas te forcer, mon enfant.

— Je suis ici pour vous servir ; commandez. Voyez, je ne pleure plus.

— Je reconnais ma Nydia. Va donc vers Ione. Je ne te donne pas à une autre ; je ne fais que te prêter. Ma maison sera toujours ton refuge. Mais, si mon cœur ne me trompe pas, tu reviendras bientôt chez moi, mon enfant ! Ma maison sera celle d'Ione, et tu demeureras avec nous. Va donc à sa demeure... Emporte les plus belles fleurs que tu pourras cueillir. Je te donnerai le vase qui les contiendra. Tu m'excuseras auprès d'elle de son peu de valeur. Tu prendras aussi le luth que je t'ai donné hier. Tu lui remettras cette lettre. Que ton oreille écoute chaque accent, chaque modulation de sa voix, et tu me diras, lorsque nous nous reverrons, si leur musique est favorable ou décourageante. Voici plusieurs jours que je ne suis plus admis près d'Ione, il y a quelque chose de mystérieux dans une telle disgrâce. Tâche d'apprendre la raison de cette cruauté ; parle de moi aussi souvent que tu le pourras. Mais tu es encore une enfant. Peut-être en ai-je dit plus que tu ne peux comprendre ?

— Non.

— Et tu me serviras ?

— Oui. Mon bonheur est d'être votre esclave, et vous avez promis que vous ne me donnerez pas à un autre.

— Je l'ai promis.

— Maintenant, je vais cueillir des fleurs. »

Nydia prit en silence des mains de Glaucus le vase richement décoré, dans lequel les fleurs rivaliseraient de couleurs et de parfums ; elle reçut ses dernières instructions. Elle chercha sa main, la porta à ses lèvres, couvrit sa figure de son voile et s'éloigna.

Une esclave entra dans la chambre d'Ione et annonça la messagère de Glaucus. Ione hésita un instant.

« Elle est aveugle et ne veut confier son message qu'à vous seule.

— Que me veut-il donc ? Quel message peut-il m'envoyer ? » Et le cœur d'Ione palpitait vivement.

Le rideau de la porte fut tiré ; un pas doux et sans écho glissa sur le marbre, et Nydia, accompagnée d'une des suivantes d'Ione, entra avec ses précieuses fleurs.

Elle s'arrêta un moment, attendant un son quelconque qui lui permît de situer Ione.

« La noble Ione, dit-elle d'une voix douce et timide, voudrait-elle me parler, afin que je puisse savoir dans ma nuit de quel côté diriger mes pas et déposer à ses pieds mon offrande ?

— Belle enfant, dit Ione touchée, ne te donne pas la peine de traverser ce pavé glissant ; mon esclave m'apportera ce que tu as à me présenter.

— Je ne dois remettre ces fleurs qu'à vous-même »,

répondit Nydia. Guidée par son oreille, elle arriva lentement près d'Ione, et, s'agenouillant devant elle, lui remit le vase. Ione le prit de sa main et le plaça sur la table à côté d'elle. Elle releva gracieusement Nydia et voulut la faire asseoir à son côté ; mais la jeune fille refusa avec modestie.

« Je n'ai encore accompli que la moitié de ma mission », dit-elle ; et elle tira la lettre de Glaucus de sa ceinture.

La Napolitaine prit la lettre d'une main si tremblante que Nydia en sentit le frémissement ; elle l'ouvrit et lut :

« *Glaucus écrit à Ione ce qu'il n'ose lui dire. Ione est-elle malade ? Ses esclaves assurent que non, et cette assurance me console. Glaucus a-t-il offensé Ione ?... Voilà cinq jours que je suis banni de ta présence !... Le soleil a-t-il paru ? Je n'en sais rien. Les cieux ont-ils souri ? Pour moi, en tout cas, pas du tout. Mon soleil et mes cieux, c'est Ione. Est-ce que je t'ai offensée ? Tu ne veux pas me voir ; tu as banni également les flatteurs qui ont l'habitude de t'environner. Peux-tu me confondre avec eux ? Ce n'est pas possible. Tu sais trop bien que je n'ai rien de commun avec ces gens-là. Ai-je été calomnié auprès de toi ? Tu ne croirais pas la calomnie. Laisse-moi te voir, écoute-moi, et, après cela, chasse-moi pour toujours si tu le veux. Je n'avais pas dessein de t'avouer dès maintenant mon amour, mais ces mots sortent malgré moi de mon cœur...*

« *Un mot encore : pardonne mon audace, Ione... D'où vient ton estime pour le sombre Égyptien ? Nous autres*

Grecs, dès le berceau, nous connaissons les êtres : Arbacès n'est pas un homme auquel on puisse se fier. Peut-être est-ce lui qui m'a calomnié dans ton esprit. Ne crois rien de ce qu'il est capable de te dire contre moi. Sinon, au moins, dis-le-moi. Ione doit cela à Glaucus. Adieu. »

Il sembla à Ione qu'un brouillard se dissipait de devant ses yeux. Comment avait-elle pu douter de sa foi et croire aux paroles d'Arbacès ? Des larmes roulèrent le long de ses joues... Et se tournant vers Nydia :

« Asseyez-vous, dit-elle, pendant que je vais écrire une réponse à cette lettre... Quel est votre nom, belle enfant ?

— On m'appelle Nydia.

— Votre pays ?

— La terre de l'Olympe... la Thessalie.

— Vous serez mon amie, vous qui êtes déjà à moitié ma compatriote... »

Et Ione écrivit ces mots :

« *Venez me voir, Glaucus ; venez me voir demain matin. J'ai pu être injuste envers vous, mais je vous apprendrai, du moins, les torts qu'on vous a attribués. Ne redoutez pas l'Égyptien, ne redoutez personne... Vous dites que vous avez exprimé trop de choses dans votre lettre... Hélas ! je viens moi-même d'en faire autant dans ce peu de mots écrits à la hâte. Adieu.* »

« Va, ma Nydia, porte-lui toi-même cette lettre, mais reviens chez moi. Si je ne suis pas dans ma demeure à ton retour, ce qui est fort possible, ce soir, ta chambre sera préparée près de la mienne. Nydia, je n'ai pas de sœur, veux-tu être ma sœur ? »

La Thessalienne baisa la main d'Ione, et lui dit avec un peu d'embarras :

« Une faveur, belle Ione : puis-je implorer de vous une faveur ? On dit que vous êtes belle au-dessus de toute beauté sur cette terre ; hélas ! je ne puis voir ce dont tout le monde jouit. Voulez-vous me permettre de passer la main sur votre visage ? C'est ma seule manière de connaître la beauté. »

Elle n'attendit pas la réponse d'Ione, et, tout en parlant, passa lentement et doucement sa main sur les traits penchés de la Grecque, traits qu'une seule image dans le monde pouvait rappeler : celle de la statue mutilée, mais toujours merveilleuse, de sa Néapolis natale ; une figure de marbre de Paros[1], auprès de laquelle toute la beauté de la Vénus de Florence paraîtrait bassement terrestre.

Sa main effleura les cheveux nattés, le front poli, la joue satinée et vermeille, les bras à fossettes et l'incomparable cou de cygne.

« Je sais maintenant combien vous êtes belle, dit-elle, et je puis emporter votre portrait dans mes ténèbres et le revoir à volonté. »

Lorsque Nydia la quitta, Ione se laissa aller à une profonde et délicieuse rêverie. Glaucus l'aimait. Elle ne se demandait pas pourquoi il avait été calomnié : elle était seulement assurée qu'il l'avait été. Elle frissonna en réflé-

1. Montagne célèbre pour son marbre.

chissant à la prudence que celui-ci lui recommandait à l'égard d'Arbacès, et la secrète inquiétude que lui causait cet être mystérieux se changea en effroi. Elle fut réveillée de ses pensées par ses femmes, qui vinrent lui annoncer que l'heure fixée pour sa visite à Arbacès était arrivée ; elle tressaillit. Elle avait oublié sa promesse.

Quand, sa mission remplie, Nydia fut de retour et demanda à l'esclave d'Ione où se trouvait sa maîtresse, la réponse qui lui fut faite la glaça de terreur :

« Chez Arbacès l'Égyptien.

— Impossible !

— C'est pourtant ainsi, mon enfant. Il y a longtemps qu'elle connaît l'Égyptien.

— Longtemps, grands dieux ! A-t-elle souvent rendu visite à cet homme ?

— Jamais encore...

— Jamais jusqu'à ce jour ? répéta Nydia ; en êtes-vous sûre ?

— Tout à fait, ma petite ; mais qu'est-ce que cela peut nous faire, à toi comme à moi ? »

Nydia hésita un moment, puis, posant à terre les fleurs dont elle était chargée, elle appela l'esclave qui l'avait accompagnée et quitta la maison sans ajouter une parole.

Lorsqu'elle arriva chez l'Athénien, elle apprit qu'il venait de sortir avec ses amis et qu'on ne savait où il était.

« Il n'y a pas de temps à perdre », pensa-t-elle, et elle s'adressa à l'esclave qui lui avait servi de guide :

« Sais-tu, lui demanda-t-elle, si Ione a quelque parent, quelque intime ami à Pompéi ? »

— Tout le monde, à Pompéi, sait qu'Ione a un frère ;

tout jeune et riche qu'il est, il a été assez fou pour se faire prêtre d'Isis.

— Un prêtre d'Isis, ô dieux ! Son nom ?

— Apœcides !

— Je sais tout, murmura Nydia : le frère et la sœur sont pareillement victimes. Apœcides, oui, c'est le nom que j'ai entendu chez... S'il en est ainsi, il comprendra vite le péril où se trouve sa sœur. »

Elle se leva en prenant le bâton sur lequel elle avait coutume de s'appuyer, et se rendit aussitôt au temple d'Isis, voisin.

« Il n'y a personne ici, dit le gros esclave. Que veux-tu ? Qui demandes-tu ? Ne sais-tu pas que les prêtres ne demeurent pas dans leur temple ?

— Appelle, dit-elle avec impatience. Nuit et jour il doit y avoir au moins un flamine à veiller devant l'autel d'Isis. »

L'esclave appela. Aucun prêtre ne parut.

« Ne vois-tu personne ?

— Personne.

— Tu te trompes, j'entends un soupir ; regarde de nouveau. »

L'esclave, étonné, promena autour de lui, tout en grommelant, ses yeux alourdis de sommeil. Alors, devant un des autels encore tout couvert des restes des dernières offrandes, il aperçut quelqu'un dans l'attitude de la méditation.

« Ô flamine d'Isis ! cria Nydia, serviteur de la plus ancienne déesse, écoute-moi !

— Qui m'appelle ? demanda une voix faible.

— Une personne qui a des choses importantes à révéler ; je viens faire une déclaration et non demander des oracles[1].

— À qui voulez-vous parler ? L'heure n'est pas bien choisie pour une conférence. La nuit est consacrée aux dieux. Quant aux hommes, il leur reste le jour.

— Il me semble que je connais ta voix. Tu es celui que je cherche. Cependant, je ne t'ai entendu parler qu'une fois. N'es-tu pas le prêtre Apœcides ?

— Je le suis, répliqua le prêtre, quittant l'autel et s'approchant de la grille. Puisque tu me connais, tu devrais te rappeler mon visage.

— Je suis aveugle, répondit Nydia. Jure-moi que tu es celui que je cherche.

— Je le jure... Je le jure par...

— Chut ! parle bas... Donne-moi ta main. Connais-tu Arbacès ?... As-tu déposé des fleurs aux pieds de la mort ? Ah ! ta main est froide... Écoute encore... As-tu prononcé le terrible vœu ?

— Qui es-tu ? D'où viens-tu, pâle jeune fille ? s'inquiéta Apœcides.

— Écoute ; tu as une sœur ?

— Parle ! Parle ! Que lui est-il arrivé ?

— Tu connais les banquets de la mort, étranger : peut-être même prends-tu plaisir à y participer... mais souhaiterais-tu y voir ta sœur ?... Souhaiterais-tu qu'Arbacès fût son hôte ?

---

1. Volontés d'un dieu annoncées par un prêtre.

— Ô dieux ! il n'oserait pas. Jeune fille, si tu te joues de moi, prends garde.

— Je te dis la vérité ; à l'heure où je te parle, Ione est chez Arbacès... Adieu ! j'ai rempli mon devoir.

— Attends ! attends ! Si ce que tu dis est vrai... comment la sauver ? On me refusera l'entrée de cette maison ; c'est un labyrinthe[1] dont je ne connais pas les détours.

— Je vais renvoyer mon esclave ; sois mon guide et mon compagnon. Je te conduirai à la porte secrète. Je soufflerai à tes oreilles le mot qui te fera admettre. Prends une arme.

— Attends un instant », dit Apœcides.

Il se retira dans une des cellules qui s'ouvraient sur les côtés du temple, et reparut quelque temps après, enveloppé dans un large manteau.

« Maintenant, dit-il en grinçant des dents, si Arbacès osait... Ô dieux ! protégez Ione... Mais que dis-je ? Les dieux existent-ils ? Oui, il y a au moins une déesse qui puisse me répondre : la Vengeance ! »

Lorsque Ione entra dans la vaste salle de l'Égyptien, l'effroi qui avait agité le cœur de son frère s'empara du sien ; il lui sembla, comme à lui, qu'il y avait quelque chose de mauvais augure, et qui lui criait de prendre garde, dans les figures de ces monstres thébains, dont le marbre rendait les traits majestueux.

Le grand esclave éthiopien sourit en lui ouvrant la

1. Construction compliquée où les victimes du taureau de Crète se perdaient.

porte et marcha devant elle. Elle était à peine au milieu de la salle qu'Arbacès s'avança, en habits de fête étincelants de pierreries. Quoiqu'il fît grand jour au-dehors, la maison était plongée dans une demi-obscurité, et des lampes jetaient une lumière odorante sur le riche dallage et les plafonds d'ivoire.

« J'ai souvent entendu dire que vous étiez riche, dit-elle ; mais j'étais loin de me douter de la valeur de vos trésors.

— Je voudrais les faire fondre en une seule couronne pour la placer sur votre tête.

— Hélas ! un tel poids m'écraserait ! »

Ils arrivèrent dans une salle entourée de draperies blanches, à broderies d'argent ; l'Égyptien frappa dans ses mains, et, comme par enchantement, une table splendide se dressa devant eux : un lit, ou plutôt une espèce de trône, couronné d'un dais cramoisi, apparut également, et au même instant on entendit monter d'on ne savait où une mystérieuse musique.

Arbacès prit place aux pieds de la Napolitaine, et des enfants beaux comme l'Amour servirent le festin.

Après le repas, la musique s'affaiblit peu à peu et Arbacès parla ainsi :

« N'avez-vous jamais, en ce monde obscur et incertain, essayé de percer les secrets de l'avenir ?... N'avez-vous jamais désiré écarter le voile de la destinée, pour voir dans son empire inconnu l'ombre des choses appelées à exister ?... Car le passé n'est pas le seul à avoir des fantômes ; chaque événement à venir possède ses spectres... son ombre... Lorsque l'heure arrive, l'ombre prend un corps et fait son apparition dans le monde... Ainsi existe-t-il deux armées impalpables parce qu'immatérielles : celle des choses qui doivent être et celle des choses qui ont été. Si par notre science nous parvenons à pénétrer jusqu'à cette région, nous apprenons, ainsi que je l'ai fait moi-même, non seulement les mystères de la mort, mais aussi les destinées des vivants.

— La science peut-elle aller jusque-là ?

— Voulez-vous mettre mon art à l'épreuve, Ione, et assister à la représentation de ce qui doit vous arriver à vous-même ? C'est un drame plus intéressant que ceux d'Eschyle[1]. »

La Napolitaine trembla ; elle pensait à Glaucus. Leurs destinées devaient-elles êtres unies ? Moitié incrédule et moitié convaincue, frappée de respect et d'effroi en écoutant les étranges propos de son hôte, elle resta un moment silencieuse, puis répondit :

« Mais la connaissance du futur doit empoisonner le présent !

— Non, Ione ; j'ai moi-même jeté les yeux sur votre avenir, et les ombres qui représentent vos destinées habitent les jardins de l'Élysée[2]. Au milieu des asphodèles et des roses, ils préparent pour votre front de douces guirlandes ; et le sort, si dur pour tant d'autres, ne vous tisse que des jours de bonheur et d'amour. »

Le cœur d'Ione murmura de nouveau : « Glaucus ! » Elle laissa deviner un consentement presque imperceptible. L'Égyptien se leva en la prenant par la main et la

---

1. Poète grec qui écrivit des pièces de théâtre (VIe siècle avant J.-C.).
2. Ou champs Élysées, jardins du Paradis pour les Anciens.

conduisit à travers la salle du banquet : les rideaux s'ouvrirent comme par magie, et la musique fit entendre des sons plus joyeux et plus marqués. Ils passèrent entre des rangées de colonnes, aux deux côtés desquelles deux fontaines répandaient les eaux les plus parfumées, et descendirent dans le jardin par un large escalier.

« Où me conduisez-vous, Arbacès ? demanda Ione quelque peu étonnée.

— Ici, répondit-il en désignant un petit édifice en perspective, il s'agit d'un temple consacré aux Destinées[1]... »

Ils entrèrent dans une étroite salle au fond de laquelle était suspendu un rideau noir. Arbacès l'écarta. Ione et lui se retrouvèrent dans l'obscurité.

« Ne vous alarmez pas, dit l'Égyptien ; la lumière ne tardera pas à briller. »

Pendant qu'il parlait, une lueur douce se répandit insensiblement autour d'eux. À mesure que chaque objet se détachait dans l'obscurité, Ione s'apercevait qu'elle était dans un appartement tendu de noir de tous les côtés. Au centre de la chambre se dressait un petit autel avec un trépied de bronze. D'un côté une haute colonne de granit était surmontée d'une tête colossale en marbre noir ; à sa couronne d'épis de blé, Ione reconnut la grande déesse égyptienne. Arbacès se tenait devant l'autel, sur lequel il avait déposé sa guirlande. Il était occupé à verser dans le trépied une liqueur contenue

1. Ensemble des événements qui règlent la vie d'un homme.

dans un vase de cuivre. Tout à coup jaillit du trépied une flamme bleue, vive et irrégulière. L'Égyptien revint près d'Ione et prononça quelques paroles dans un langage étranger. Le rideau placé derrière l'autel s'ouvrit avec lenteur, et Ione aperçut un vaste paysage, qui, à mesure qu'elle regardait, accusait des formes plus distinctes : des arbres, des rivières, des prairies, la plus opulente campagne. Enfin, une ombre glissa et s'arrêta devant elle, s'anima, prit un corps, et Ione reconnut ses propres traits.

Puis un nouvel acteur apparut : il était vêtu de la tête aux pieds d'une robe noire ; sa figure était cachée. Il s'agenouilla aux pieds de l'ombre d'Ione.

Le cœur de la Napolitaine battait violemment.

« Voulez-vous que l'ombre se fasse connaître ?

— Oui », murmura doucement Ione.

Arbacès leva la main. Le fantôme sembla écarter le manteau qui le couvrait, et Ione frémit... C'était Arbacès lui-même ; il se tenait à genoux devant elle.

« Voilà ta destinée, murmura de nouveau la voix de l'Égyptien. Tu seras la femme d'Arbacès. »

Ione frissonna. Le rideau noir se referma sur cette fantasmagorie, et Arbacès en personne, le vivant Arbacès, tomba aux pieds d'Ione.

« Levez-vous, Arbacès, dit-elle ; vous avez été mon tuteur, mon ami, mon conseiller. Ne pensez pas que je méprise votre amour... Mais... pouvez-vous m'écouter avec calme ?

— Oui, tes paroles dussent-elles m'anéantir.

— J'en aime un autre, dit Ione, d'une voix assurée.

— Par les dieux, par les enfers, ne te joue pas de moi... c'est impossible... Ione, c'est une perfidie... une ruse féminine !... Tu veux gagner du temps... Dis-moi que tu ne m'aimes pas ; mais ne me dis pas que tu en aimes un autre.

— Hélas ! » soupira Ione, et, effrayée de cette violence si soudaine et inattendue, elle fondit en larmes.

Des tablettes s'échappèrent de son sein sur le pavé... Arbacès s'en empara. C'était la lettre reçue le matin même de Glaucus... Arbacès lut la lettre tout entière, puis il dit avec un calme surprenant :

« Est-ce l'auteur de cette lettre que tu aimes ? »

Ione soupira et ne répondit pas.

« Parle... C'est lui ! Et son nom est Glaucus ? »

Ione joignit les mains et regarda autour d'elle, comme pour chercher un moyen de fuir.

« Écoute-moi, dit Arbacès à voix basse. Tu iras à la tombe plutôt que dans ses bras ! »

Le désespoir donna alors à Ione une force surnaturelle ; elle se précipita vers l'endroit de la chambre par lequel elle était entrée et en souleva le rideau, hélas ! elle se sentit aussitôt rattrapée par Arbacès. Elle s'échappa, mais s'effondra bientôt, dans un grand cri.

Au même instant, le rideau fut tiré violemment, et l'Égyptien sentit une main forte et implacable se poser sur son épaule ; il se retourna et vit derrière lui les yeux flamboyants de Glaucus et la pâle, la morne, mais non moins menaçante figure d'Apœcides.

« Ah ! s'écria-t-il, quelle furie vous a envoyés ici ? »

Glaucus essaya aussitôt de renverser l'Égyptien. Les

deux antagonistes se tenaient étroitement embrassés, les mains de l'un cherchant la gorge de l'autre... Les yeux pleins de flammes... les muscles raidis... les veines gonflées... les lèvres entrouvertes... les dents serrées, ils étaient doués l'un et l'autre d'une force extraordinaire et d'une haine égale ; ils s'étreignaient, se tordaient, se déchiraient, se poussaient çà et là dans leur étroite arène, tantôt devant l'autel, tantôt au pied de la colonne où la lutte avait commencé.

« Ô déesse antique ! s'écria soudain Arbacès en levant les yeux vers l'image sacrée d'Isis, protège ton élu, proclame ta vengeance contre le disciple d'une religion née après la tienne, et dont la sacrilège audace profane ton sanctuaire et s'en prend à tes serviteurs ! »

À ces paroles, les traits jusqu'alors immobiles de la figure parurent s'animer ; à travers le marbre nu, comme à travers un voile, courut une lumière rouge incandescente. Autour de la tête des éclairs livides crépitèrent, et ses yeux, étincelants comme des globes de feu, se fixèrent sur le Grec avec une expression d'indicible colère. Stupéfait, épouvanté par cette soudaine et prodigieuse réponse à la prière de son ennemi, Glaucus, qui n'était pas exempt des superstitions héréditaires de sa race, pâlit ; ses genoux s'entrechoquèrent !... Il demeura saisi d'une terreur religieuse, éperdu, sans forces devant son adversaire. Arbacès ne lui laissa pas le temps de se remettre de sa frayeur.

« Meurs, misérable ! s'écria-t-il d'une voix de tonnerre, en s'élançant sur lui. La puissante Isis te réclame en un vivant sacrifice ! »

Attaqué ainsi, avant de s'être remis de sa stupéfaction, le Grec perdit son équilibre ; le pavé de marbre, uni comme une glace, glissa. Arbacès mit le pied sur la poitrine de son adversaire abattu. Mais Apœcides, à qui sa profession sacrée avait appris à se méfier de ces miraculeuses intercessions, avait gardé son sang-froid. Il se précipita en agitant son poignard ; l'Égyptien, sur ses gardes, arrêta son bras et arracha vigoureusement l'arme de la faible main du prêtre, qu'il renversa à ses pieds : à son tour il brandit le poignard, savourant son triomphe. Glaucus considérait déjà le sort qui lui était réservé avec la résignation dédaigneuse d'un gladiateur vaincu, lorsque, soudain, le pavé frémit sous eux d'une façon convulsive, de plus en plus rapidement ; un Esprit plus puissant que celui de l'Égyptien était en train de se déchaîner... Voilà que s'éveillait l'affreux démon des tremblements de terre. Comme il se riait des ruses de la magie et des pauvres efforts de la colère humaine ! Semblable au Titan[1] sur qui sont accumulées des montagnes, il émergeait du sommeil des ans, se mouvait sur sa couche d'angoisses, pendant que les cavernes poussaient des gémissements. Au moment où Arbacès se croyait sûr de sa victoire, au loin, dans les profondeurs de la terre, se fit entendre le roulement d'un bruit sourd ; les rideaux de la salle se tordirent comme sous le souffle de la tempête ; l'autel s'ébranla ; le trépied chancela ; la tête de la déesse se détacha et tomba de son piédestal ; et, à l'instant où l'Égyptien se baissait sur sa victime pour la frap-

1. Dieu doué d'une force prodigieuse.

per, la masse de marbre atteignit son corps plié en deux, entre les épaules et le cou.

« La terre a préservé ses enfants, dit Glaucus en se relevant. Bénie soit cette terrible convulsion. Adorons la puissance des dieux ! »

Il aida Apœcides à se lever, et retourna ensuite le visage d'Arbacès inanimé ; le sang jaillissait de la bouche de l'Égyptien sur ses riches vêtements ; le corps retomba des bras de Glaucus à terre, et le sang continua à se répandre sur le pavé. La terre trembla de nouveau sous les pas d'Apœcides et de Glaucus, et ils furent contraints de se soutenir l'un l'autre ; puis, la convulsion cessa presque aussitôt. Glaucus saisit Ione dans ses bras et ils s'enfuirent. À peine furent-ils entrés dans le jardin, qu'ils rencontrèrent une troupe de femmes et d'esclaves, fuyant de tous côtés en groupes désordonnés. Après soixante ans de tranquillité, ce sol brûlant et dangereux menaçait de nouveau ses habitants. On n'entendait qu'un seul cri : « Le tremblement de terre ! Le tremblement de terre ! »

3

Le forum[1] de Pompéi était singulièrement animé à cette heure. Sur toute l'étendue de ses grandes dalles de marbre, des groupes assemblés conversaient avec cet enthousiasme qui accompagne chaque mot d'un geste et aujourd'hui encore demeure typique des peuples du Midi.

Devant les degrés du temple de Jupiter, un homme d'environ cinquante ans se tenait, les bras croisés, et fronçant les sourcils d'un air méprisant. Son costume était des plus simples, moins pourtant dans son étoffe qu'à cause de l'absence des ornements dont les Pompéiens de toutes classes avaient l'habitude d'user. Son front était haut et chauve ; le peu de cheveux qui lui res-

1. Place centrale d'une ville romaine.

taient derrière la tête étaient cachés dans une sorte de capuchon qui faisait partie de son manteau, et pouvait se baisser et se relever à volonté.

Les Pompéiens étaient d'ordinaire trop insouciants et occupés d'eux-mêmes pour s'intéresser au comportement de leurs voisins ; mais l'amertume et le dédain qui se lisaient sur la bouche et dans les yeux de celui-ci, cependant que la procession religieuse gravissait les marches du temple, étaient trop frappants pour ne pas attirer l'attention.

« Quel est donc ce cynique ? demanda un marchand à un joaillier, son confrère.

— C'est Olynthus, il passe pour Nazaréen.

— Secte terrible ! On dit que, lorsqu'ils s'assemblent la nuit, ils commencent toujours leurs cérémonies par le meurtre d'un enfant nouveau-né ; ils professent la communauté des biens ! Que deviendraient les marchands, les joailliers comme nous, si de pareilles idées venaient à se concrétiser ?

— D'autant, dit le joaillier, qu'ils ne portent pas de bijoux ; ils poussent des imprécations lorsqu'ils voient un serpent, et tous nos ornements à Pompéi ont la forme du serpent.

— Savez-vous, ajouta un troisième personnage, quant à lui fabricant de bronzes, que cet homme, passant devant ma boutique l'autre jour, et me voyant occupé à travailler une statue de Minerve, osa me dire, avec un froncement de sourcils, que si elle avait été de marbre, il l'aurait brisée ? "Briser une déesse ! m'écriai-je. – Une déesse ! répondit l'athée : c'est un démon." Il passa alors son chemin en maudissant les dieux. Cela peut-il se tolérer ?

— Ce sont des va-nu-pieds de son espèce qui ont brûlé Rome sous Néron[1] », murmura le joaillier.

Olynthus commençait à s'apercevoir de l'effet qu'il produisait. Promenant son regard autour de lui, il observa les figures attentives de la foule grossissante : chacun se parlait à l'oreille en l'observant. Il répliqua par un regard tout d'abord méfiant, puis compatissant, et, s'enveloppant de son manteau, passa en murmurant assez haut pour être entendu :

« Aveugles idolâtres ! La convulsion de la dernière nuit n'a-t-elle donc pas été pour vous un avertissement ? Hélas ! en quel état vous trouvera le dernier jour du monde ? »

À ces paroles solennelles, la foule réagit diversement, selon le degré de crainte ou d'ignorance de chacun. Tout le monde s'accorda du moins à y reconnaître une épouvantable imprécation.

Olynthus, en traversant la foule et en gagnant une des issues les moins fréquentées du forum, identifia aisément la figure pâle et sérieuse de celui dont les yeux étaient fixés sur lui.

Couvert d'un pallium[2] qui voilait en partie ses habits sacrés, le jeune Apœcides contemplait le disciple de cette nouvelle et mystérieuse croyance, à laquelle il était déjà en partie converti.

« Est-ce aussi un imposteur, se dit-il, cet homme si

1. Empereur tyrannique (a régné de 54 à 68 après J.-C.).
2. Manteau.

simple dans sa vie, dans son costume, dans son maintien ? »

Olynthus devina peut-être, à son air, ce qui se passait dans le cœur du jeune prêtre. Il prit les devants, et, l'abordant avec un regard ferme, un front serein, une franchise presque candide :

« Que la paix soit avec toi ! dit-il en le saluant.

— La paix ! reprit le prêtre d'une voix si profondément triste qu'elle alla droit au cœur du Nazaréen.

— C'est le meilleur souhait qu'on puisse faire, continua Olynthus : sans la vertu il n'y a pas de paix ; la paix est semblable à l'arc-en-ciel qui repose sur la terre, mais dont la voûte est dans les cieux. Que la paix soit avec toi !

— Hélas ! » répondit Apœcides.

Et il s'interrompit en remarquant les regards des oisifs curieux, qui se demandaient ce qu'il pouvait y avoir de commun entre un Nazaréen reconnu et un prêtre d'Isis ; il ajouta à voix basse :

« Nous ne pouvons converser ici ; je veux te suivre sur les bords de la rivière ; je connais un chemin désert à cette heure-ci. »

Olynthus s'inclina en signe d'assentiment. Il traversa les rues d'un pas rapide. Çà et là il échangeait un regard d'intelligence, un petit salut avec des passants dont, à voir leur mine, la plupart appartenaient aux derniers rangs de la société.

Suivi par Apœcides, le Nazaréen gagna le bord du Sarnus[1].

---

1. Fleuve au sud de Pompéi (actuellement le Sarno).

« Depuis que vous m'avez quitté si brusquement, dit Olynthus, avez-vous été heureux ? Votre cœur a-t-il éprouvé quelque contentement sous votre robe de prêtre ? Avez-vous, dévoré du désir d'entendre la voix de Dieu, surpris quelques-uns de ses oracles dans le temple d'Isis ?

— Hélas ! vous voyez devant vous un homme déçu et désespéré. Cherchant la vérité, je n'ai été que le ministre du mensonge. Le voile est tombé maintenant ; je ne vois plus qu'un misérable où j'avais cru voir un demi-dieu. La terre s'obscurcit pour moi ; je suis tombé au plus profond de l'abîme ; je ne sais plus s'il existe des dieux au-dessus de nous, si nous ne sommes pas les enfants du hasard, s'il est un autre monde au-delà de ce présent triste et limité, ou, au contraire, s'il n'y a plus que le néant.

— Je ne m'étonne pas, répondit le Nazaréen, que vous en soyez venu à ce degré d'incertitude. Il y a quatre-vingts ans, l'homme n'avait encore aucune assurance de Dieu, ni un avenir certain et défini au-delà du tombeau. De nouvelles lois ont été déclarées à ceux qui ont des oreilles ; un ciel, un véritable Olympe, est révélé à celui qui a des yeux. Écoutez-moi. »

Et, avec tout le zèle d'un homme fermement convaincu et désireux de convertir son prochain, le Nazaréen communiqua à Apœcides les promesses de l'Écriture sainte. Il parla d'abord des souffrances et des miracles du Christ ; il pleurait en parlant ; il en vint bientôt à la glorieuse ascension du Sauveur, aux prédications si claires de la révélation.

« Venez, dit le Nazaréen en s'apercevant de l'effet qu'il avait produit, venez dans l'humble lieu de nos assemblées ; elles sont encore peu nombreuses, mais on y rencontre des cœurs d'élite ; écoutez nos prières ; observez la sincérité de nos larmes de repentir ; prenez part au simple sacrifice, où nous n'offrons ni victimes ni guirlandes, seulement nos âmes tout entières.

« C'est aujourd'hui le jour du Seigneur, un jour que nous avons consacré à nos dévotions. Quoique nous ne nous réunissions ordinairement que la nuit, quelques-uns d'entre nous pourtant sont assemblés à cette heure. Quelle joie ce sera pour nous, si nous pouvons ramener une brebis égarée dans notre saint bercail !

— Conduis-moi, je te suis. »

Olynthus lui serra la main avec joie, et, descendant avec lui vers la rivière, il héla une des barques qui s'y trouvaient continuellement ; bientôt les nouveaux amis arrivèrent dans un faubourg, près d'une allée où de petites maisons rudimentaires s'étendaient en bordure de la rive. Là, ils renvoyèrent leur barque, et Olynthus, marchant le premier, conduisit le prêtre d'Isis à travers un labyrinthe de ruelles jusqu'à la porte fermée d'une habitation un peu plus grande que ses voisines. Ils frappèrent trois coups. La porte s'ouvrit et se referma après qu'Apœcides et son guide en eurent franchi le seuil.

Ils longèrent alors une allée déserte avant d'arriver à une pièce intérieure sur le seuil de laquelle ils s'arrêtèrent. Frappant à la porte, Olynthus cria :

« Que la paix soit avec vous ! »

Une voix leur parvint, qui demanda :

« La paix avec qui ?

— Avec le fidèle », répondit Olynthus, et la porte s'ouvrit.

Douze ou quatorze personnes étaient assises en demi-cercle, silencieuses, et paraissant absorbées dans leurs pensées, en face d'un crucifix de bois grossièrement sculpté.

Tous levèrent les yeux, sans un mot, lorsque Olynthus entra : le Nazaréen lui-même, avant de leur parler, s'agenouilla, et au mouvement de ses lèvres, à ses yeux fixés sur le crucifix, Apœcides comprit qu'il priait. Le rite accompli, Olynthus se tourna vers l'assemblée.

« Hommes et frères, dit-il, ne vous étonnez pas de voir parmi nous un prêtre d'Isis : il a fait partie des aveugles ; mais l'esprit est descendu sur lui : il désire voir, entendre et comprendre.

— Ainsi soit-il », dit un des membres de l'assemblée.

Et Apœcides remarqua que celui qui venait de parler était plus jeune que lui, d'une physionomie également altérée et pâle, avec des yeux qui exprimaient les incessantes inquiétudes d'un esprit ardent et longtemps troublé.

« Ainsi soit-il », dit une seconde voix.

Et celui qui parlait était dans la force de l'âge ; à sa peau bronzée et à ses traits asiatiques, on devinait en lui un fils de la Syrie. Il avait été brigand.

« Ainsi soit-il », dit une troisième voix.

Et le prêtre, se tournant vers celui qui venait de parler, aperçut un vieillard à la longue barbe grise, dans lequel il reconnut un serviteur du riche Diomède.

« Ainsi soit-il », murmurèrent les autres assistants, qui, tous, à part deux exceptions, un officier de la garde et un marchand d'Alexandrie, appartenaient de toute évidence aux classes inférieures.

« Nous ne vous recommandons pas le secret, reprit Olynthus ; nous ne vous ferons pas jurer de ne pas nous trahir. Il est vrai qu'il n'y a pas positivement de loi établie contre nous ; mais la populace, plus sauvage que ceux qui la gouvernent, a soif de notre sang. Vous savez, mes amis, que, pendant que Pilate[1] hésitait, le peuple demandait à grands cris que le Christ fût crucifié. Nous ne vous ferons point pour autant esclaves de notre sauvegarde. Non, livrez-nous à la foule ; accusez, calomniez, décriez-nous si vous le voulez ; nous sommes au-dessus de la mort ; nous irons avec joie à la rencontre de la dent du lion ou des pires tortures ; nous nous élevons au-dessus de l'obscurité de la tombe, et ce qui, pour un criminel, s'appelle la mort, pour un chrétien, a nom éternité. »

Un profond murmure d'approbation courut dans l'assemblée.

« Tu viens parmi nous en observateur ; puisses-tu nous rester converti ! Notre religion, tu la vois ; notre croix est notre seule image. Notre moralité, elle est dans notre vie ! Nous avons tous été pécheurs : qui peut maintenant nous accuser d'un crime ? Le baptême a enlevé les taches du passé. Approche, Médon, dit-il en s'adressant au vieil esclave qui avait été le troisième à parler lors de l'admission d'Apœcides : tu es le seul homme ici qui ne jouisse

1. Préfet romain qui livra Jésus à la mort.

pas de la liberté ; mais, dans le ciel, le dernier sera le premier, il en est de même parmi nous. Déroule ton manuscrit et explique la loi. »

Lorsque la lecture fut terminée, on entendit un léger coup frappé à la porte ; le mot de passe donné, et la réponse faite, la porte s'ouvrit de nouveau, et deux enfants, dont l'aîné paraissait avoir sept ans, entrèrent timidement : c'étaient les enfants du maître de la maison, de ce sombre et vigoureux Syrien, dont la jeunesse s'était passée dans le pillage et dans le sang. Le plus ancien de l'assemblée – le vieil esclave – leur tendit les bras. Ils s'y réfugièrent ; il les caressa en souriant. Alors ces hommes hardis et vigoureux, battus par les vents les plus rudes de la vie, ces hommes d'un courage de fer, prêts à affronter le monde entier, endurcis en perspective de toutes les tortures et armés pour la mort... ces hommes se pressèrent autour des jeunes enfants ; les rides s'adoucirent sur leurs fronts, et leurs lèvres, à l'aspect sauvage, sourirent avec sérénité. Puis le vieillard ouvrit son rouleau, et il apprit aux enfants à répéter cette magnifique prière que les chrétiens adressent aujourd'hui encore à Dieu... Il leur parla avec simplicité de l'amour du Seigneur pour les enfants, et leur raconta qu'un moineau ne tombe pas sans que l'œil divin le suive dans sa chute.

À cet instant, une porte intérieure s'ouvrit, et un homme de petite taille entra dans la chambre. À sa vue, toute l'assemblée se leva. Il y avait une expression de respect profond et affectueux dans le maintien de chacun. Apœcides se sentit d'emblée attiré vers lui par une irrésistible sympathie.

« Mes enfants, Dieu soit avec vous ! » dit le vieillard en étendant les bras ; les enfants coururent aussitôt à lui.

Il s'assit à terre, et ils se serrèrent sur ses genoux. Comme la lumière du jour à son déclin, estompant les reliefs des montagnes, semble mêler la terre au ciel, ainsi cette douce vieillesse souriante paraissait sanctifier l'aspect de tout ce qui l'entourait. Effaçant les différences, elle unissait, dans la même lumière de ce ciel où elle était si près d'entrer, la tendre enfance à l'âge mûr.

« Père, dit Olynthus, un étranger est parmi nous, une nouvelle brebis est entrée dans le troupeau.

— Laissez-moi le bénir », dit le vieillard.

Tous les assistants s'écartèrent. Apœcides s'approcha et tomba à genoux.

« Quel bonheur pour Ione !... Comme elle doit être heureuse, au côté de Glaucus !... Entendre sa voix, voir son visage... car elle le voit, elle ! »

Ainsi se parlait à elle-même la pauvre aveugle en regagnant, au jour finissant, la maison de sa nouvelle maîtresse, où Glaucus l'avait précédée. Elle fut interrompue soudain dans son monologue par la voix d'une femme :

« Bouquetière aveugle, où vas-tu ? Tu n'as point de corbeille sous le bras ! As-tu vendu toutes tes fleurs ? »

La personne qui s'adressait en ces termes à Nydia et qui, dans ses traits, dans son maintien et dans son air hardi, montrait plutôt la contenance d'une dame que celle d'une vierge, était Julia, la fille de Diomède. Son voile était à moitié relevé ; elle était accompagnée par Diomède lui-même, et par un esclave qui portait une lanterne devant eux ; le marchand et sa fille revenaient de souper chez un de leurs voisins.

« Ne te rappelles-tu plus ma voix ? continua Julia ; je suis la fille du riche Diomède.

— Ah ! pardonnez-moi, je n'ai pas oublié votre voix, noble Julia ; seulement, je ne vends plus de fleurs.

— J'ai entendu dire que tu avais été achetée par le bel Athénien Glaucus ; est-ce vrai, jolie esclave ?

— Je suis au service d'Ione, la Napolitaine, répondit Nydia, évasive.

— Ah ! c'est donc vrai, alors...

— Viens, viens, interrompit Diomède, un pan de son manteau rabattu sur sa bouche... La nuit devient froide... je n'ai pas envie de rester ici pendant que tu bavardes avec cette petite aveugle... Viens, ou alors qu'elle nous suive à la maison, si tu veux lui parler.

— C'est cela, suis-nous, mon enfant, dit Julia du ton d'une femme peu habituée à rencontrer des refus... J'ai beaucoup de choses à te demander.

— Je ne peux pas ce soir, il est trop tard, répondit Nydia ; il faut que je rentre, noble Julia.

— Quoi ! la douce Ione te gronderait-elle ?... Viens donc demain. Souviens-toi que j'ai été de tes amies autrefois. »

Le lendemain, à l'heure indiquée, Nydia se présenta devant la maison de Diomède.

L'élégante Julia était assise au milieu de ses esclaves... La chambre était petite, mais plus large que les appartements réservés au sommeil. Ceux-ci étaient en effet d'ordinaire si exigus que, pour qui n'a jamais vu la chambre à coucher d'un Pompéien, même du plus riche, il est impossible de se faire une idée de ces niches à pigeons dans lesquelles on se plaisait alors à passer la nuit. Il est vrai que le lit n'était pas pour les Anciens un meuble aussi important que pour nous. Leur couche ne consistait qu'en un étroit sofa assez léger pour être transporté aisément et qu'on changeait de chambre suivant la saison ou les caprices du maître ; car telle partie de la maison, habitée pendant un mois, était délaissée le mois suivant. Les Italiens de cette époque avaient d'ailleurs une singulière appréhension du grand jour ; leurs chambres, absolument obscures, ne l'étaient pas par suite de quelque négligence de leur architecte, mais tout à fait délibérément. Dans leurs portiques et dans leurs jardins, ils jouissaient du soleil autant que cela leur plaisait ; dans l'intérieur de leurs habitations, ils cherchaient plutôt l'ombre et la fraîcheur.

En cette saison, Julia se retirait dans un appartement qui occupait la partie la plus basse de la maison, immédiatement au-dessous des salles principales, et donnait sur le jardin, avec lequel il était de plain-pied.

Sur la table devant laquelle elle était assise, se trouvait un petit miroir circulaire en acier poli ; autour étaient rangés, dans un ordre précis, les cosmétiques et les onguents, les parfums et les fards, les bijoux et les peignes, les rubans et les épingles d'or. À travers la demi-obscurité de la chambre, brillaient les couleurs vives et variées des peintures de la muraille.

La belle Julia s'appuyait indolemment sur son siège, pendant que la coiffeuse élevait lentement les unes au-dessus des autres une foule de petites boucles, dont toutes n'appartenaient pas à Julia, entremêlant avec art les fausses et les vraies.

Sa tunique, couleur d'ambre foncé, qui convenait bien à ses cheveux noirs et à son teint mat, descendait en larges plis jusqu'à ses pieds. Elle était chaussée de pantoufles de pourpre bordées de perles et liées autour de sa jambe gracieuse par des cordons blancs. Une vieille esclave se tenait derrière la coiffeuse, la large et riche ceinture de sa maîtresse sous le bras. Elle donnait de temps à autre des instructions à la femme chargée de l'édification de la coiffure, sans omettre de judicieuses flatteries à l'adresse de Julia.

« Mettez cette épingle un peu plus sur la droite... plus bas... sotte... Ne voyez-vous pas la superbe symétrie de ces sourcils ? On dirait que vous coiffez Corinna, dont le visage est de travers... Maintenant, posez les fleurs !... Mais... folle que vous êtes, laissez là cette triste giroflée ; on ne vous a pas demandé de choisir des couleurs pour les joues pâles de Chloris... Seules les fleurs les plus splendides conviennent à la splendide Julia.

— Doucement ! dit la maîtresse en frappant non sans violence le sol de son pied ; vous me tirez les cheveux ; vous n'êtes pas en train d'arracher de mauvaises herbes !

— Triple bête ! renchérit la maîtresse de cérémonie, ne savez-vous pas combien votre maîtresse est délicate ?... Vous n'avez pas affaire aux crins de la veuve Fulvia. Maintenant le ruban... C'est cela. Belle Julia, regarde-toi dans ton miroir. »

Lorsque, à l'issue d'innombrables commentaires,

l'édifice capillaire fut enfin achevé, vint le moment de donner aux yeux une douce expression de langueur ; une petite mouche, taillée en forme de croissant et placée adroitement près des lèvres rosées, attirerait l'attention sur les fossettes et sur les dents, dont, par ailleurs, on avait déjà artificiellement fait ressortir la blancheur naturelle.

Une autre esclave, qui jusque-là s'était tenue à l'écart, s'approcha alors pour arranger les joyaux, les boucles d'oreilles de perles, les bracelets massifs et la chaîne d'anneaux d'or, à laquelle était suspendu un talisman en cristal ; elle mit également en place, sur l'épaule gauche, l'élégante agrafe qui renfermait un camée[1] représentant Psyché, puis la ceinture de ruban pourpre richement brodée en fil d'or et attachée par des serpents entrelacés ; enfin, à chacun des doigts délicats et effilés, une bague différente. La belle Julia jeta un dernier coup d'œil satisfait à son image et, se renversant sur son siège, commanda languissamment à la plus jeune de ses esclaves de lui dire les vers amoureux de Tibulle[2]. Cette lecture avait déjà commencé lorsqu'une esclave introduisit Nydia auprès de la maîtresse de maison.

« Salut, Julia, dit la bouquetière ; j'ai obéi à tes ordres.

— Tu as bien fait ; approche, assieds-toi... Tu sers donc la Napolitaine Ione ?

— Je suis chez elle en ce moment.

— Est-elle aussi belle qu'on le dit ?

---

1. Pierre taillée en relief, jouant du contraste entre le fond sombre et le relief plus clair.

2. Poète romain (50-19 av. J.-C.).

— Comment pourrais-je juger de sa beauté ?

— Ah ! j'aurais dû me rappeler... Mais tu as des oreilles, si tu n'as pas d'yeux. Tes compagnes, les autres esclaves, qu'en disent-elles ?

— Elles disent qu'Ione est belle, très belle !

— Ah ! est-elle grande ?

— Oui.

— Comme moi ? A-t-elle des cheveux noirs ?

— Je l'ai entendu dire.

— Et Glaucus va-t-il la voir souvent ?

— Tous les jours.

— Tous les jours, dis-tu ; et la trouve-t-il belle ?

— Je le pense, puisqu'ils vont bientôt se marier.

— Se marier ! » s'écria Julia, dont on eût pu voir la pâleur soudaine, même à travers les fausses couleurs répandues sur ses joues.

Et elle se leva brusquement.

« On prétend que tu es Thessalienne ?

— On dit vrai.

— La Thessalie est la terre de la magie et des magiciennes, des talismans et des philtres amoureux.

— On l'a toujours, en effet, regardée comme le pays des nécromanciens[1], répondit Nydia timidement.

— Connais-tu quelque charme qui fasse aimer ?

— Moi ! répliqua la bouquetière en rougissant, comment en connaîtrais-je ?...

— Tant pis pour toi ; si tu avais été plus savante, je t'aurais donné assez d'or pour acheter ta liberté.

---

1. Magicien interrogeant les morts pour prédire l'avenir.

— Mais, demanda Nydia, qu'est-ce qui peut pousser la riche Julia à poser pareille question à sa servante ? N'a-t-elle pas la richesse, la jeunesse, et la beauté ? Et ces philtres naturels ne peuvent-ils dispenser de recourir à la magie ?

— Pour tous, excepté pour une seule personne, reprit Julia d'un air hautain.

— Et cette personne, c'est ?...

— Ce n'est pas Glaucus », trancha Julia avec la fausseté naturelle aux coquettes.

Nydia respira plus librement, et Julia poursuivit après une courte pause :

« Oui, j'aime et ne suis pas aimée. Cela humilie, ou plutôt irrite mon orgueil. Quand on m'a dit que tu étais Thessalienne, j'ai pensé que ton jeune esprit pouvait avoir été initié aux mystères de ton pays.

— Hélas ! non, murmura Nydia ; plût aux dieux que cela fût !

— Merci du moins pour ce bon souhait. Mais n'as-tu jamais entendu parler de quelque magicien de l'Orient, qui possédât dans cette cité-ci l'art que tu ignores ? Je ne te parle point de nécromanciens, de jongleurs de places publiques ; je te parle de quelque puissant magicien de l'Inde ou de l'Égypte.

— De l'Égypte ? Oui, dit Nydia en tressaillant. Qui n'a pas, à Pompéi, entendu parler d'Arbacès ?

— Arbacès ! C'est vrai, s'écria Julia à qui la mémoire revenait. On dit que c'est un homme bien au-dessus des vaines impostures de tant de prétendus savants ; versé dans la connaissance des astres, pourquoi ne le serait-il pas dans les mystères de l'amour ?

— S'il y a un magicien vivant dont l'art soit au-dessus de celui des autres, répondit Nydia, c'est cet homme terrible.

— Il est trop riche pour qu'on lui offre de l'argent, continua Julia ; mais je puis lui faire une visite.

— Pourrais-je revenir et savoir ce qui en aura résulté ? demanda Nydia avec empressement.

— Bien sûr. Reviens demain à cette heure-ci, et tu connaîtras tout. Tiens ! prends ce bracelet pour la bonne pensée que tu m'as inspirée et souviens-toi que Julia est toujours reconnaissante et généreuse envers ceux qui la servent.

— Je ne puis accepter ton présent, dit Nydia en repoussant le bracelet ; mais, toute jeune que je suis, je sais compatir au chagrin de ceux qui aiment et ne sont pas aimés.

— Crois-tu ? Tu parles comme une femme libre... sans doute le seras-tu un jour ! Adieu. »

Arbacès était assis dans une chambre qui donnait sur un balcon, devant son jardin. Ses joues extrêmement pâles témoignaient des souffrances qu'il avait éprouvées ; mais sa constitution de fer avait triomphé des terribles effets de l'accident qui était venu détruire ses espérances au moment de la victoire.

« Ainsi donc, disait-il, l'orage que m'annonçait le destin a éclaté, puis disparu ; ce malheur que j'avais su prévoir et qui menaçait jusqu'à ma vie, s'est éloigné... J'ai triomphé du dernier danger que me réservait la destinée. À présent, je n'ai plus qu'à parcourir les riants jardins de l'avenir... Le premier de tous mes plaisirs, ce sera la vengeance. Ce jeune Grec qui a anéanti mes projets, humilié mon audace, au moment où mon fer allait plonger dans son sang infâme, ne m'échappera pas une seconde fois. Mais quels moyens vais-je employer ? »

Tandis qu'Arbacès demeurait ainsi absorbé, un jeune esclave entra timidement.

Une femme, d'un rang élevé, comme l'indiquaient de toute évidence sa toilette et le costume de l'esclave qui l'accompagnait, demandait audience.

« Une femme !... Est-elle jeune ? demanda-t-il.

— Sa figure est cachée par un voile, mais, à son allure, je le pense.

— Qu'on la fasse entrer », dit Égyptien. Un instant, son cœur fut ému du vain espoir qu'il pût s'agir d'Ione.

Au premier regard sur la personne qui entrait dans son appartement, il comprit son erreur. Elle était, à la vérité, de la même taille qu'Ione et probablement du même âge : mais où était cette grâce ineffable qui accompagnait chaque mouvement de l'incomparable Napolitaine ?

« Excuse-moi si je me lève avec peine, dit Arbacès en regardant l'étrangère ; je sors d'une cruelle épreuve.

— Ne fais aucun effort, ô grand Égyptien, répondit Julia. Pardonne à une femme malheureuse venue demander des consolations à ta sagesse.

— Approche, belle étrangère, et parle sans crainte. »

Julia s'assit auprès de l'Égyptien, et jeta des regards de surprise autour d'elle. Le luxe exquis et coûteux qui régnait dans cette pièce surpassait jusqu'à celui de la maison de son propre père ; elle remarqua aussi, mais avec un certain effroi, les inscriptions hiéroglyphiques tracées sur les murs, les figures des mystérieuses idoles qui paraissaient la contempler de tous les coins de l'appartement et, non loin d'elle, le trépied ; mais ce qui l'impressionna par-dessus tout, ce fut l'air grave et imposant d'Arbacès. Une longue robe blanche couvrait à moitié, comme un voile, ses cheveux noirs et tombait jusqu'à ses pieds ; sa présente pâleur rendait sa physionomie encore plus expressive ; son œil noir et pénétrant semblait transpercer le voile derrière lequel Julia s'abritait, et explorer les secrets de son âme.

« Quel motif, dit-il d'une voix lente et grave, quel motif t'amène, jeune fille, dans la maison d'un fils de l'Orient ?

— Sa réputation, répondit Julia.

— En quoi ? répondit-il avec un étrange sourire.

— Peux-tu le demander, sage Arbacès ? Ta science n'est-elle pas le sujet de toutes les conversations ?

— J'ai acquis, en effet, quelques connaissances, répondit Arbacès ; mais qu'a donc à attendre de ces secrets trop graves et stériles une beauté telle que toi ?

— Hélas ! dit Julia un peu encouragée par ce ton d'adulation auquel elle était habituée, n'est-il pas naturel que la douleur s'adresse à la sagesse pour être consolée ? Et les personnes qui aiment sans espoir ne sont-elles pas les victimes choisies de la douleur ?

— Ah ! s'écria Arbacès, un amour sans espoir ne saurait être le lot d'une si belle personne, dont les attraits se révèlent jusqu'au travers du voile qui les couvre ; tourne ton visage vers celui que tu aimes ; je ne saurais te conseiller un meilleur charme que celui-là !

— Oh ! trêve de flatteries, dit Julia ; c'est un vrai charme que je viens demander à ta science, un charme qui fasse aimer.

— Belle étrangère, répliqua Arbacès, de semblables talismans ne sont pas au nombre des secrets que mes longues veilles m'ont appris.

— Alors, illustre Arbacès, pardonne-moi et reçois mes adieux.

— Un instant ! s'écria Arbacès ; quoique j'aie laissé, je l'avoue, l'art de la magie, des philtres et des breuvages à ceux qui en font métier, je puis te donner des renseignements utiles ; du moins, si tu me parles avec franchise... Si j'en crois ta toilette, tu n'es pas encore mariée ?

— Non.

— Et peut-être, n'étant pas favorisée par la fortune, veux-tu conquérir un riche époux ?

— Je suis plus riche que celui qui me dédaigne.

— C'est étrange ! Tu aimes donc tant celui qui ne t'aime pas !

— Je ne sais si je l'aime, répondit Julia avec hauteur, mais je sais que je veux triompher d'une rivale. Je voudrais voir à mes pieds celui qui m'a refusé son hommage... Je voudrais voir celle qu'il m'a préférée, méprisée à son tour.

— Ambition légitime et digne d'une femme ! continua l'Égyptien d'un ton trop grave pour être ironique ; un mot encore, jeune fille. Peux-tu me confier le nom de celui que tu aimes ? Est-il possible que ce soit un Pompéien ?

— Il est d'Athènes, dit Julia en baissant les yeux.

— Ah ! s'écria l'Égyptien impétueusement, il n'y a qu'un Athénien jeune et noble à Pompéi... Parlerais-tu de Glaucus ?

— Ne me trahis pas, c'est lui en effet ; mais je vois que tu ne peux m'être d'aucun secours... Garde-moi du moins le secret ; adieu.

— Jeune fille, répliqua l'Égyptien d'un ton grave, ta requête m'a vivement touché... Tes désirs seront satisfaits. Écoute-moi : je ne me suis pas occupé moi-même de ces mystères inférieurs, mais je connais une personne qui en fait sa profession. Au pied du Vésuve, à moins d'une lieue de la ville, habite une puissante magicienne ; elle a cueilli, sur la rosée de la nouvelle lune, des plantes qui possèdent la vertu d'enchaîner l'amour par des nœuds éternels. Son art peut faire tomber celui que tu aimes à tes pieds. Va la trouver, prononce devant elle le nom d'Arbacès, un nom qui lui inspire crainte et respect ; alors elle te communiquera ses philtres les plus efficaces.

— Hélas ! dit Julia, je ne connais pas la route qui conduit à la demeure de cette magicienne dont tu parles ; et même si cette route était courte, elle serait encore trop longue à parcourir pour une jeune fille qui quitterait, à l'insu de tout le monde, la maison de son père ; la campagne est semée de vignes sauvages et de cavernes dangereuses ; la réputation des femmes de mon rang est aisément ternie ; et, quoiqu'il m'importe peu qu'on sache que j'aime Glaucus, je ne voudrais pas qu'on crût que j'ai pu obtenir son amour au moyen d'un philtre.

— Trois jours encore, dit l'Égyptien en se levant pour éprouver ses forces, trois jours de convalescence, et je pourrai t'accompagner... Tu m'attendras.

— Malheureusement, Glaucus est sur le point d'épouser cette Napolitaine que je hais.

— L'épouser ?

— Oui, dès le début du mois prochain.

— Si tôt, en es-tu sûre ?

— Je le tiens de la bouche de son esclave.

— Cela ne sera pas ! dit l'Égyptien avec force. Ne crains rien. Glaucus sera à toi. Mais une fois le philtre obtenu, comment t'y prendras-tu pour t'en servir ?

— Mon père a invité Glaucus et la Napolitaine, du moins je pense, à un banquet pour après-demain ; j'aurais ainsi l'occasion de verser le philtre dans sa coupe.

— Qu'il en soit ainsi, dit l'Égyptien dont les yeux brillèrent d'une joie si sauvage que Julia éprouva quelque frayeur en le regardant. Demain soir, commande ta litière[1] ; as-tu quelqu'un à tes ordres ?

— Certainement, répondit Julia, toujours fière de montrer son opulence.

— Commande ta litière... À deux milles de la ville, il y a un lieu de plaisir, fréquenté par les plus riches Pompéiens ; il est connu pour l'excellence de ses bains et la beauté de ses jardins. Tu peux en faire le prétexte de ta promenade... Tu m'y trouveras, fussé-je mourant, près de

1. Lit de voyage portatif.

la statue de Silène[1], dans le petit bois qui borde le jardin ; je te conduirai moi-même chez la magicienne. Nous attendrons que l'étoile du soir ait fait rentrer les troupeaux des bergers, qu'un sombre crépuscule nous entoure et dérobe nos pas à tous les yeux. Arbacès l'Égyptien te jure, par le destin, qu'Ione ne sera jamais l'épouse de Glaucus.

— Et que Glaucus sera mon époux, ajouta Julia.

— Tu l'as dit. »

Ce fut lorsque les grosses chaleurs de midi commencèrent à se dissiper graduellement que Glaucus et Ione sortirent pour jouir de l'air pur et frais. À dix milles de la cité, on trouvait les ruines d'un temple grec et, pour Glaucus et Ione, tout ce qui rappelait la Grèce était sacré ; ils avaient résolu de visiter ces ruines. La route les conduisit aisément, à travers les bosquets de vignes et d'oliviers, jusqu'aux sommets les plus élevés du Vésuve. C'est alors que le chemin devint difficile : les mules marchaient lentement et avec peine. À chaque perspective qui s'ouvrait dans le bois, ils apercevaient de sombres cavernes découpées dans le roc brûlé, telles que Strabon[2] les a décrites. Depuis, le cours du temps et les éruptions du volcan les ont comblées, si bien qu'on ne les retrouve plus dans la montagne telle qu'elle est aujourd'hui.

Ils arrivèrent aux ruines, qu'ils contemplèrent avec cette tendresse qu'inspirent les vestiges sacrés des lieux habités par nos ancêtres ; ils y demeurèrent jusqu'à ce

1. Personnage ventru et chauve du cortège de Bacchus.
2. Géographe grec (2me moitié du Ier siècle av. J.-C.).

qu'Hesperus parût dans les nuages roses du ciel ; et, s'en retournant au crépuscule, ils gardèrent quelque temps le silence : car, dans l'ombre et sous les étoiles, leur mutuel amour oppressait davantage leurs cœurs.

Ce fut à ce moment que l'orage commença à gronder autour d'eux. Il y eut d'abord le sourd avertissement d'un roulement de tonnerre dans le lointain, et bientôt les nuages s'accumulèrent sur leurs têtes ; enfin, la foudre y retentit avec force, à coups pressés. La promptitude avec laquelle se forment les nuages dans ce climat a quelque chose de surnaturel, et la superstition des premiers âges a pu y voir l'effet d'une puissance divine, sans qu'il y ait lieu de s'en étonner : quelques larges gouttes de pluie tombèrent pesamment à travers les branches qui s'étendaient au-dessus du sentier ; puis tout à coup un éclair effrayant darda ses lueurs fourchues devant leurs yeux ; il s'ensuivit une complète obscurité.

L'esclave pressa ses mules ; elles rasaient le chemin inégal et pierreux ; les nuages s'épaissirent de plus en plus ; le tonnerre redoubla ses coups et la pluie tomba à grands flots.

« N'as-tu pas peur, Ione ? murmura Glaucus.

— Non, pas avec toi », répondit-elle doucement.

Au même instant, la voiture, déséquilibrée par une ornière, perdit une roue, et versa.

Ione, par bonheur, ne s'était pas blessée. Ils parvinrent, non sans difficulté, à relever l'engin, mais il ne fallait même pas songer à y chercher un abri ; les ressorts de la tenture étaient brisés et la pluie se précipitait à l'intérieur.

« Il y a, dit l'esclave, un forgeron à un mille d'ici ; il pourrait remettre la roue ; mais, par Jupiter, avec cette pluie, ma maîtresse sera trempée avant que je sois revenu.

— Cours-y, reprit Glaucus ; nous tâcherons de nous abriter du mieux possible jusqu'à ton retour... Nous sommes maintenant à mi-hauteur à peu près du Vésuve ; il doit bien y avoir quelque caverne dans ces rochers couverts de vignes, quelque retraite abandonnée ; si nous pouvions y arriver ! »

Parcourant la montagne d'un regard attentif, il aperçut à une faible distance une lumière rouge et tremblante.

« Le feu d'un berger ou d'un vigneron, ajouta-t-il ; il saura bien nous indiquer un endroit hospitalier. »

Un terrain escarpé et rude, formé par la lave, s'étendait devant eux ; les éclairs qui l'illuminaient de temps à autre lui donnaient un aspect redoutable. Quelquefois la flamme, tombant sur des monceaux de scories gris de fer, couverts en partie d'ancienne mousse et d'arbres rabougris, s'y attardait quelque temps ; d'autres fois, laissant toute cette zone dans l'obscurité, elle courait au-dessus de la mer et semblait embraser les vagues.

Ione et Glaucus s'arrêtèrent, pleins de perplexité, lorsque soudain, alors que l'obscurité venait de succéder aux embrasements de la foudre, ils découvrirent la mystérieuse lumière tout près d'eux désormais, mais plus haut. Un nouvel éclair, qui rougit le ciel et la terre, illumina les environs. Aucune maison ne se trouvait à proximité ; mais, à l'endroit où avait brillé la lumière, ils crurent apercevoir une forme humaine au pied d'une cabane. L'obscurité revint. La lumière rouge, que les feux du ciel n'éclipsaient plus, reparut encore : ils se décidèrent à monter dans cette direction. Ils parvinrent enfin à l'entrée d'une caverne, qui semblait avoir été formée par de gros blocs de pierre tombés en travers les uns des autres. Jetant un regard dans l'ombre, ils reculèrent en frissonnant.

Un feu était allumé à l'intérieur et sur ce feu était posé un petit chaudron. À la lueur d'une lampe grossière pendaient des herbes et des plantes sauvages. Un renard, couché devant l'âtre, fixait sur les étrangers des yeux rouges et étincelants. Au centre de la caverne se dressait une statue de la Terre, avec trois têtes à l'aspect fantastique : les crânes d'un chien, d'un cheval et d'un sanglier. Un trépied peu élevé faisait face à cette terrible représentation de la fameuse Hécate[1].

Mais ce ne furent pas tant ces bizarres ornements qui glacèrent le sang des visiteurs que la figure de l'hôtesse elle-même. Devant le feu se tenait assise une femme très âgée. On ne rencontre peut-être dans aucun pays autant de ces vieilles femmes inquiétantes qu'en Italie. Dans aucun pays, pareille hideur ne succède à la beauté de la jeunesse. Celle-ci pourtant avait conservé les restes visibles de traits réguliers et nobles ; son regard exerçait encore une sorte de fascination. Mais on eût dit celui d'un cadavre, froid et terne ; de même ses lèvres bleues

---

1. Déesse de la magie.

et rentrées, ses cheveux d'un gris pâle, plats et sans lustre, sa peau livide, inanimée, semblaient avoir déjà pris les couleurs de la tombe.

« C'est une morte, dit Glaucus.

— Non... elle a bougé... C'est un fantôme, ou une larve, murmura Ione en se pressant contre la poitrine de l'Athénien.

— Fuyons, fuyons, s'écria l'esclave, c'est la magicienne du Vésuve.

— Qui êtes-vous ? dit une voix creuse et inhumaine, et que faites-vous ici ? »

Cette voix sépulcrale aurait fait fuir Ione au milieu des plus terribles rigueurs de l'orage ; mais Glaucus, quoiqu'il ne fût pas lui-même très rassuré, l'entraîna dans la caverne.

« Nous sommes des voyageurs de la cité voisine ; égarés sur la montagne, dit-il, nous avons été attirés par cette flamme, et nous demandons un abri. »

Pendant qu'il parlait, le renard se leva et s'approcha d'eux en montrant ses dents blanches et en glapissant d'une façon menaçante.

« Silence ! » dit la sorcière ; et au son de sa voix l'animal s'arrêta et se recoucha. « Je n'aime guère recevoir ici de créatures vivantes à l'exception du hibou, du renard, du crapaud et de la vipère... Je ne puis donc vous faire bon accueil... Mais asseyez-vous tout de même auprès du feu... »

Elle ne se leva pas, mais les suivit attentivement du regard : Glaucus débarrassa Ione de son manteau et la fit asseoir sur une poutre, le seul siège qu'il trouvât à sa portée.

« Nous vous gênons peut-être ? » demanda Ione aimablement, espérant ainsi se concilier la vieille.

La sorcière ne répondit pas. Après avoir émergé un moment de la tombe, elle sembla replonger dans son éternel sommeil.

« Dites-moi, s'écria-t-elle tout à coup au bout d'un long silence, êtes-vous frère et sœur ?

— Non, répondit Ione en rougissant.

— Êtes-vous mariés ?

— Pas encore, reprit Glaucus.

— Ha ! des fiancés !... Ha ! ha ! ha ! » Et la sorcière fit retentir la caverne d'un éclat de rire prolongé.

Le cœur d'Ione se glaça.

« Pourquoi ris-tu ainsi, vieille femme ? dit Glaucus avec rudesse.

— Ai-je ri ?

— Elle est retombée en enfance », reprit Glaucus, et tout en parlant il rencontra, fixés sur les siens, les yeux de la sorcière tout pétillants de malice.

« Tu mens ! dit-elle brusquement.

— Tu es une hôtesse peu aimable, répliqua-t-il.

— Oh ! cher Glaucus, dit Ione, ne l'irrite pas.

— Eh bien, je vais te dire pourquoi j'ai ri. C'est parce qu'il y a du plaisir pour les personnes vieilles et flétries à voir de jeunes fiancés comme vous, tout en sachant que sous peu ils se haïront l'un l'autre... Oui, vous vous haïrez... Ha ! ha ! ha !

— Que les dieux nous préservent d'un pareil malheur ! s'écria Ione ; pauvre vieille, tu connais peu le véritable amour, sans quoi tu saurais qu'il ne change jamais.

— N'ai-je pas été jeune, moi aussi ? Et ne suis-je pas maintenant vieille, hideuse, morte ? Tel est le corps, tel est le cœur. »

Puis elle retomba dans un profond silence, comme si en elle la vie eût cessé.

« Y a-t-il longtemps que tu habites ici ? demanda Glaucus après une pause, car ce silence effrayant lui pesait sur le cœur.

— Oh ! oui, bien longtemps.

— C'est une lugubre demeure.

— Ah ! tu peux le dire avec raison ; l'enfer est sous nos pieds. Les êtres ténébreux d'ici-bas vous menacent de leur colère, vous qui habitez là-haut... vous tous jeunes, imprévoyants et beaux.

— Tu n'as que de mauvaises paroles, fort peu hospitalières, reprit Glaucus, et à l'avenir j'affronterai plutôt l'orage que ta présence.

— Tu feras bien. Nul ne devrait entrer chez moi, excepté les malheureux.

— Et pourquoi les malheureux ?

— Je suis la magicienne de la montagne, répliqua la sorcière avec un terrible sourire ; mon métier est de donner de l'espérance à qui n'en a plus ; j'ai des philtres pour des gens contrariés dans leurs amours ; des promesses de trésors pour les avaricieux ; des potions vengeresses pour les méchants ; pour les heureux et les bons, je n'ai que ce que la vie a elle-même : des malédictions. Et puis, ne me trouble pas davantage ! »

Le renard les observait d'un air sauvage. Glaucus, baissant les yeux, aperçut pour la première fois, sous le siège qu'occupait la sorcière, le regard étincelant et la tête courroucée d'un serpent ; peut-être que les vives couleurs du manteau de l'Athénien, jeté sur les épaules d'Ione, l'avaient mis en colère ; toujours est-il qu'il leva la tête et sembla sur le point de s'élancer sur la Napolitaine. Glaucus s'empara aussitôt d'un tison du foyer, et, comme si ce geste augmentait la fureur du reptile, celui-ci sortit de sa retraite et se dressa sur sa queue, de toute sa hauteur.

« Sorcière, s'écria Glaucus, rappelle ce serpent à toi, ou tu vas le voir tomber mort.

— Il a été débarrassé de son venin », dit la sorcière, que cette menace venait de réveiller.

Mais déjà le serpent s'était élancé sur Glaucus. L'agile Grec se jeta précipitamment de côté, et frappa avec tant d'adresse la tête de l'animal qu'il retomba sans force parmi les cendres brûlantes du foyer.

La sorcière bondit, se dressant avec un visage digne de la plus horrible des Furies.

« Tu as trouvé un abri sous mon toit ! cria-t-elle. Tu t'es réchauffé à mon foyer ; tu m'as rendu le mal pour le bien ; tu as frappé et peut-être tué un être qui m'aimait et m'appartenait ; bien plus : la créature consacrée entre toutes aux dieux, et que les hommes vénèrent ; sache quelle punition t'attend. Par la Lune, protectrice de la magicienne, par Orcus, trésorier de la Colère, je te maudis. Puisse ton amour être flétri, ton nom déshonoré... puissent les dieux infernaux te poursuivre... ton cœur brûler à petit feu... ta dernière heure te faire souvenir à jamais de la voix prophétique de la sorcière du Vésuve ! Et toi..., ajouta-t-elle en se retournant avec la même rage vers Ione et en agitant sa main droite...

— Arrête, sorcière ! s'écria Glaucus. Tu m'as maudit, et je confie mon sort aux dieux. Je te brave et te méprise. Mais ne profère pas une parole contre cette jeune fille, ou la malédiction qui sortira de ta bouche sera ton dernier soupir.

— J'ai fini, reprit la sorcière avec un sauvage éclat de rire, car la destinée de la femme que tu aimes est attachée à la tienne, et ta destinée est d'autant plus certaine, que j'ai entendu ses lèvres prononcer ton nom, et je sais par quelle parole te vouer aux dieux infernaux. Glaucus, tu es maudit ! »

En parlant ainsi, la sorcière se détourna de l'Athénien, et s'agenouillant à côté du reptile blessé, elle ne releva plus les regards sur les assistants.

« Ô Glaucus ! s'écria Ione terrifiée, qu'avez-vous fait ? Sortons vite de ce lieu. L'orage a cessé... Bonne hôtesse, pardonne-lui... retire tes malédictions... il n'avait pas d'autre dessein que de se défendre... Accepte ce gage de paix pour revenir sur ce que tu as dit. »

Et Ione, en se baissant, déposa sa bourse sur les genoux de la sorcière.

« Dehors ! dehors ! cria la vieille ; l'imprécation est lancée, les Parques[1] seules peuvent dénouer un pareil nœud...

1. Trois divinités qui gouvernaient la destinée des hommes.

— Viens, ma bien-aimée, dit Glaucus avec impatience... Penses-tu que les dieux du ciel ou des enfers écoutent le radotage d'une vieille folle ? Viens. »

Ils respirèrent plus librement lorsqu'ils furent en plein air mais la scène dont ils venaient d'être témoins, les paroles et les éclats de rire de la sorcière accablaient encore le cœur de la jeune fille ; Glaucus lui-même avait peine à se remettre de son émotion. L'orage avait passé. Ils regagnèrent le chemin avec quelque difficulté, et retrouvèrent la voiture provisoirement remise en état de marche. Le cocher invoquait à grands cris Hercule pour lui demander ce que ses maîtres étaient devenus. Ils reprirent leur route.

Ils parvinrent bientôt à la porte de la ville. Comme on la leur ouvrait, ils rencontrèrent une litière portée par des esclaves, qui barrait le chemin.

« Il est trop tard pour sortir ! criait la sentinelle.

— Pas pour moi, rétorqua une voix que les deux jeunes gens reconnurent immédiatement avec effroi. On m'attend à la maison de campagne de Marcus Polybius. Je reviendrai sous peu. Je suis Arbacès l'Égyptien. »

Les réticences du gardien tombèrent, et la litière passa.

« Arbacès à cette heure, après ce qui lui est arrivé... Où va-t-il, et pour quel motif quitte-t-il la ville ? s'inquiéta Glaucus.

— Hélas ! répondit Ione en fondant en larmes, mon âme pressent de plus en plus quelque prochain malheur. Préservez-nous, ô dieux ! Ou du moins, ajouta-t-elle intérieurement, préservez Glaucus. »

Arbacès avait attendu la fin de l'orage pour aller trouver la sorcière du Vésuve.

« Étrange passion pour un philosophe, pensait-il, que celle qui le fait quasiment se relever de son lit de mort ! Lui, si accoutumé à jouir de tous les luxes, comment peut-il se laisser entraîner dans une pareille expédition ? »

Approchant de la caverne, il s'arrêta pour reprendre haleine ; puis, avec le maintien recueilli et majestueux qui lui était habituel, il franchit le seuil mystérieux. De nouveau, le renard s'élança à la rencontre du visiteur, annonçant son arrivée par un glapissement.

La sorcière avait repris son attitude sépulcrale. À ses pieds, sur un lit de feuilles sèches qui le recouvraient à moitié, reposait le serpent blessé.

« Lève-toi, servante de la nuit et de l'Erèbe[1], dit Arbacès avec autorité ; un être supérieur à toi dans ton art te salue. Lève-toi et fais-lui un bon accueil. »

À ces mots la sorcière tourna la tête et jeta un regard sur la silhouette majestueuse et le visage grave de l'Égyptien. Elle le considéra longtemps et fixement.

« Qui es-tu, dit-elle enfin, toi qui te prétends plus élevé dans l'art que la sorcière des champs brûlés, la fille de la race détruite des Étrusques[2] ?

— Je suis, répondit Arbacès, celui dont tous ceux qui cultivent la magie, depuis le Gange et le Nil jusqu'aux vallées de la Thessalie et aux rives du Tibre jaune, sollicitent les leçons.

---

1. Divinité de la nuit des Enfers.
2. Peuple d'Italie centrale à la brillante civilisation.

— Il n'y a qu'un seul être de cette espèce dans le pays, répondit la sorcière, celui que les hommes du monde entier, ignorants de ses pouvoirs secrets, appellent Arbacès l'Égyptien. Pour nous, son nom véritable est Hermès[1] à la Ceinture flamboyante.

— Regarde donc ! »

En prononçant ces paroles, il ouvrit sa robe : une ceinture couleur de feu semblait brûler autour de sa taille. La vieille se jeta aux pieds d'Arbacès.

« J'ai vu le seigneur à la Ceinture flamboyante... Qu'il reçoive mon hommage !

— Lève-toi, dit l'Égyptien, j'ai besoin de toi. Écoute et obéis ! »

La sorcière baissa la tête.

« Quelle que soit notre science en magie, dit Arbacès, nous sommes parfois obligés d'employer des moyens naturels pour atteindre notre but. L'anneau, le cristal, les cendres, les herbes ne nous donnent pas des pronostics certains ; tu es profondément versée, je crois, dans la connaissance des herbes vénéneuses ; tu sais quelles sont celles qui arrêtent le cours de la vie, qui embrasent et consument l'âme, celles qui, s'immisçant dans les veines, savent geler le sang le plus vigoureux sans que nul soleil ne puisse plus jamais faire fondre cette glace.

— Puissant Hermès, cette science est en effet la mienne. Daigne seulement regarder les traits pareils à ceux d'un fantôme, cette figure de cadavre ; s'ils ont perdu les couleurs de la vie, c'est uniquement pour s'être

1. Messager des dieux, protecteur du commerce et des voyageurs.

penchés sur les herbes qui, nuit et jour, cuisent dans ce chaudron. »

À l'évocation du breuvage infernal, l'Égyptien eut un involontaire mouvement de recul.

« Demain, à l'heure où les étoiles brilleront dans le ciel, viendra te voir une jeune fille pleine de vanité, qui réclamera de ton art un philtre amoureux capable de détourner d'une autre des yeux qu'elle ne voudrait voir s'attacher que sur elle. Au lieu d'un philtre, donne à cette jeune fille un de tes plus puissants poissons. Que l'âme de celui qu'elle aime aille rejoindre les ombres ! »

La sorcière trembla de la tête aux pieds.

« Oh ! pardon, pardon, maître redoutable, dit-elle d'une voix affaiblie, mais jamais je n'oserai faire cela. Les lois de la cité sont implacables ; on m'arrêtera, on me tuera.

— À quoi te servent donc tes herbes et tes breuvages ? Je t'ordonne de m'obéir. C'est pour une vengeance que je suis venu vers toi. Ce jeune homme que je veux écarter de mon chemin s'est mis en travers de mes projets, au mépris de mes talismans. Ce Glaucus... je te le dis, par Orcus[1] et Némésis[2], doit mourir !

— Glaucus ! Ai-je bien entendu, puissant maître ?

— Oui, mais qu'importe le nom ? Que d'ici à trois jours il n'appartienne plus à la race des vivants !

— Écoute-moi, reprit la sorcière, je suis à toi, je suis ton esclave, mais épargne-moi. Si je donne à la jeune fille dont tu parles de quoi détruire la vie de Glaucus, je serai

1. Divinité des Enfers, comme Pluton (voir ce mot).
2. Déesse de la vengeance.

certainement découverte ; les morts trouvent toujours des vengeurs. Bien plus, si l'on apprenait la visite que tu m'as faite, tu aurais besoin de te protéger toi-même des plus puissants secours de ta magie. Mais, si, au lieu de ce breuvage qui brise le cœur, j'en composais un qui trouble et altère le cerveau de ce jeune homme, qui en fasse un être abject, privé de jugement et de raison, ta vengeance ne serait-elle pas également satisfaite, ton but également atteint ?

— Ah ! sorcière, combien l'esprit de la femme est plus raffiné que le nôtre, même dans la vengeance ! Une telle expiation me semble en effet préférable à la mort !

— Et, poursuivit la sorcière, nous courrons ainsi beaucoup moins de dangers : mille choses auront pu faire perdre la raison à notre victime, ne serait-ce que le vin ! Et les hommes n'iront pas chercher plus loin. Puissant Hermès, es-tu content de moi ?

— Tu vivras vingt ans de plus ! décréta Arbacès. Je renouvellerai le délai de ta vie à la face des pâles étoiles ; tu n'auras pas en vain servi le maître à la Ceinture flamboyante. »

Et il jeta à terre une bourse pesante, qui résonna plutôt agréablement à l'oreille de la sorcière : car, tout en méprisant les jouissances de ce monde, elle aimait à savoir qu'elle pouvait se les procurer.

« Adieu ; n'omets rien, et veille plus longtemps que les étoiles pour composer ton breuvage. »

Sans s'attarder à écouter les adieux et les remerciements de la sorcière, il retourna d'un pas pressé vers une atmosphère plus pure, sous le ciel éclairé par la lune, et se hâta de descendre la montagne.

La magicienne se tint longtemps à l'entrée de sa caverne, les yeux fixés sur son hôte qui s'éloignait ; et les rayons de l'astre nocturne, en tombant sur son corps si maigre et sur sa figure d'outre-tombe, lui donnaient tout à fait l'air d'une familière du sinistre Orcus. Ensuite elle rentra, ramassa la bourse, prit la lampe sur son piédestal, et s'enfonça dans la partie la plus reculée de son repaire jusqu'à une obscure galerie dont l'ouverture était cachée par des rochers. Soulevant une pierre, elle déposa son trésor dans un trou qui laissa voir un monceau de pièces de monnaie, arrachées par elle à la crédulité ou à la reconnaissance de ses visiteurs. Enfin, elle replaça la pierre et continua à descendre, puis s'arrêta devant une fente irrégulière du sol. Là, elle se pencha et prêta l'oreille à des sons étranges, pareils à un roulement sourd et lointain, auxquels se joignait par moments un bruit plus fort. Tout à coup une fumée noire et épaisse sortit de la fente et se répandit en spirales dans la caverne.

« Les ombres font plus de bruit que d'habitude », dit-elle. Le renard, qui avait accompagné sa maîtresse, fit entendre un long glapissement et courut s'abriter à l'extrémité de la caverne. Au cri de l'animal, la sorcière tressaillit et ressentit un frisson glacé ; ce cri était d'un mauvais présage. Elle murmura ses formules de conjuration, et revint dans la caverne, où, au milieu de ses plantes et proférant des incantations, elle se prépara à obéir aux ordres de l'Égyptien.

« Ah ! ce Glaucus a prétendu que je radotais », dit-elle

en voyant la fumée dérouler son panache au-dessus du chaudron bouillant. « Flammes, brûlez ; herbes, cuisez ; crapauds, bouillez... Je l'ai maudit, il sera maudit. »

Cette nuit même, à l'heure précise où Arbacès et la sorcière échangeaient leurs propos sacrilèges, Apœcides était baptisé.

« Vous avez le courage, Julia, d'aller visiter ce soir la magicienne du Vésuve, et dans la compagnie de cet homme redoutable ?

— Oui, Nydia, répliqua timidement Julia ; penses-tu donc qu'il y ait réellement quelque chose à craindre ? Ces vieilles sorcières, avec leurs miroirs enchantés, leurs cribles[1] tremblants, et leurs herbes cueillies au clair de la lune, ne sont, j'imagine, que d'impudentes trompeuses, qui n'ont peut-être à leur disposition d'autre charme qu'une connaissance approfondie des herbes et de leur pouvoir. Pourquoi aurais-je peur ?

— Laissez-moi vous accompagner, noble Julia ; ma présence ne saurait être une protection, mais j'aimerais rester près de vous jusqu'au dernier moment. Ione est indulgente ; si vous me permettez de passer une nuit sous votre toit, je lui dirai que mon ancienne protectrice m'a invitée afin d'entendre mes chansons thessaliennes... »

À l'approche de la nuit, Julia, couchée dans sa litière, assez large pour laisser une place auprès d'elle à sa compagne aveugle, prit le chemin des bains qu'Arbacès lui avait indiqué.

---

1. Tamis.

Elles arrivèrent bientôt à l'endroit désigné par l'Égyptien. Dans un petit espace circulaire, garni de gazon, s'élevait une statue de Silène, sur laquelle tombait la clarté des étoiles.

« Je ne vois pas le magicien », dit Julia en regardant autour d'elle.

Mais, comme elle parlait, celui-ci sortit d'un bosquet voisin, et une pâle lumière se refléta sur sa robe flottante.

« Salut, douce jeune fille ! Mais qui donc est avec vous ? Nous ne devions pas avoir de compagnons !

— Ce n'est que la bouquetière aveugle, sage magicien, répondit Julia : Nydia, Thessalienne comme moi.

— Ah ! Nydia, reprit l'Égyptien ; je la connais. »

Nydia recula en frissonnant.

« Tu es venue chez moi, dit-il en se rapprochant de l'oreille de Nydia ; tu sais quel serment tu as fait : silence et mystère ! »

Puis, tirant doucement Julia à part, il murmura :

« La sorcière n'aime pas recevoir plusieurs visiteurs à la fois. Laissez Nydia ici jusqu'à notre retour. »

Nydia retourna donc à la maison des bains, et attendit. Les pensées qui l'assaillirent tout le temps qu'elle resta ainsi, immobile dans sa nuit, furent bien amères ; elle songea à sa propre destinée, loin de sa terre natale, loin des tendres soins qui avaient autrefois adouci les chagrins de son enfance, chagrins aussi fugitifs que les nuages d'une matinée d'avril ; elle songea qu'elle était privée de la lumière du jour, n'ayant autour d'elle que des étrangers pour guider ses pas. Meurtrie dans les plus tendres sentiments de son cœur, aimant sans espoir, sans autre espoir du moins que la mince lueur entrevue lorsque son imagination thessalienne s'était informée de la puissance des charmes et des dons de la magie.

Le temps passa ; Nydia, toujours plongée dans ses tristes méditations, entendit enfin un pas léger.

« Ah ! remercions les dieux immortels, dit Julia, me voici de retour. J'ai quitté cette affreuse caverne. Viens, Nydia, partons au plus vite. »

À peine furent-elles assises dans la litière que Julia reprit d'une voix émue :

« Quelle scène ! Quelles terribles imprécations ! Et la figure sépulcrale de cette sorcière !... Mais ne parlons pas de cela. J'ai obtenu ce breuvage... Ses effets sont certains... Ma rivale deviendra indifférente aux yeux de celui que j'aime, et seule, moi seule serai l'idole de Glaucus !

— De Glaucus ? s'écria Nydia.

— Oui, maintenant, je puis me confier à toi... C'est lui, le beau Grec que j'aime. »

Quelles furent alors les émotions de Nydia ! Elle avait sans le savoir pris part à un acte qui devait enlever Glaucus à Ione, mais seulement pour transporter plus irrévocablement encore, par le pouvoir de la magie, son amour vers une autre ! Son cœur se serra au point qu'elle faillit suffoquer. Grâce à l'obscurité de la voiture, Julia ne s'aperçut de rien ; elle était, d'ailleurs, toute à l'idée de son triomphe prochain sur Ione.

Nydia eut le temps de recouvrer tous ses esprits. Une pensée la frappa. Elle devait coucher dans la chambre de Julia. Elle pourrait s'emparer du philtre. Elles arrivèrent à la maison de Diomède, et rentrèrent dans l'appartement de Julia, où un repas du soir les attendait.

« Nydia, tu dois avoir froid : l'air était glacé cette nuit ; en ce qui me concerne, je suis gelée. »

Et elle but sans hésitation de fortes rasades de vin.

« Vous avez le philtre ? dit Nydia. Oh ! quelle petite fiole ! De quelle couleur est ce breuvage ?

— Clair comme le cristal. Tu ne pourrais pas le distinguer d'avec de l'eau pure, il est limpide, sans couleur et sans goût comme elle. Mais qu'il me paraît précieux à moi ! C'est comme si j'étais en possession d'une essence de rosée recueillie au clair de lune.

— L'effet est-il instantané ?

— Ordinairement, mais parfois il se fait attendre quelques heures.

— Oh ! quel doux parfum ! s'exclama Nydia tout à coup en prenant sur la table un petit flacon et en se penchant pour le respirer.

— Tu trouves ? dit Julia ; en tout cas les pierres qui l'entourent ont une certaine valeur. Tu as refusé hier mon bracelet... Veux-tu accepter ce flacon ? »

Nydia s'inclina en signe de reconnaissance et plaça le flacon dans son sein. Sur ce, elle en revint à leur première conversation.

« Et le breuvage est efficace, quelle que soit la personne qui l'administre ?

— Si la plus hideuse vieille qui soit sous le soleil lui en faisait le don, sa vertu est telle que Glaucus la regarderait comme la plus belle des créatures ! »

Pleine d'animation et de gaieté, elle riait aux éclats en

parlant de mille choses... et ce ne fut que bien avant dans la nuit, presque au matin, qu'elle appela ses esclaves pour la déshabiller.

Ses femmes parties, elle dit à Nydia :

« Je ne veux pas que cette liqueur sacrée me quitte jusqu'à l'heure où j'en userai. Repose sous mon oreiller, précieuse essence, et donne-moi d'heureux songes... Mais pourquoi ne bois-tu que de l'eau pure, Nydia ? Prends donc de ce vin à côté de toi.

— J'ai un peu de fièvre, et l'eau me rafraîchit. Belle Julia... je te quitterai demain matin de bonne heure... Ione me l'a recommandé... peut-être avant que tu sois éveillée...

— Quand nous nous reverrons, tu trouveras sans doute Glaucus à mes pieds. »

Fatiguée par cette excitante journée, Julia s'endormit promptement. Mais la Thessalienne attentive roulait dans son esprit des pensées inquiètes. Elle écoutait la calme respiration de Julia ; et son oreille, accoutumée à distinguer les plus légers bruits, comprit bientôt que sa compagne était plongée dans un profond sommeil.

« Maintenant, que Vénus me soit favorable ! » murmura-t-elle.

Elle se leva légèrement, répandit le parfum que lui avait donné la fille de Diomède sur le pavé de marbre, puis, ayant trouvé aisément le lit de Julia, glissa sa main tremblante sous l'oreiller et saisit la fiole. Julia ne fit pas un mouvement ; son haleine effleurait d'un souffle régulier les joues brûlantes de l'aveugle. Nydia, débouchant alors la fiole, en versa le contenu dans son flacon, puis la remplit d'eau et la remit à sa place.

Le soleil se leva... Julia dormait toujours. Nydia s'habilla sans bruit, prit son bâton et se hâta de quitter la maison. Elle sentit l'air pur du matin sur ses joues, mais il ne parvint pas à rafraîchir ses veines brûlantes.

« Glaucus, murmura-t-elle, tous les philtres de la plus puissante magie ne pourront faire que tu m'aimes autant que je t'aime !... »

4

C'était pour l'honneur de la foi chrétienne que le chrétien exposait hardiment ses dogmes[1] au scepticisme des uns, aux répugnances des autres, aux mépris des philosophes, à la sainte horreur du peuple. Sa propre intolérance devenait pour lui son premier instrument de succès ; et le païen[2] adouci finissait par penser qu'il y avait en effet quelque chose de sacré dans un zèle que n'arrêtait aucun obstacle et qui ne redoutait aucun danger ; fût-ce dans la torture ou l'échafaud, c'était toujours au tribunal d'un juge éternel qu'il s'en rapportait.

Parmi ces natures audacieuses, entreprenantes, intrépides, celle de l'ardent Olynthus se distinguait singulièrement. Dès qu'Apœcides, par le sacrement du baptême,

1. Vérités fondamentales d'une religion.
2. Nom donné par les chrétiens à tous ceux qui croyaient en plusieurs dieux.

eut été reçu dans le sein de l'Église, le Nazaréen se hâta de le convaincre d'abandonner son office et son costume de prêtre d'Isis.

Ce ne fut pas tout : l'esprit impétueux et zélé d'Olynthus espéra se servir de la position d'Apœcides pour faire connaître au peuple les trompeuses manigances du temple d'Isis. Il pensa que le Ciel même le lui avait envoyé afin de dessiller les yeux de la foule, et de préparer peut-être la voie à la conversion de toute la cité. Il n'hésita pas à faire appel au nouvel enthousiasme d'Apœcides, à exciter son courage, à stimuler son ardeur. Le lendemain soir, après le baptême d'Apœcides, ils se rencontrèrent dans le bosquet de Cybèle.

« La première fois que l'on viendra consulter l'oracle, dit Olynthus avec chaleur, avancez-vous jusqu'à la grille, et proclamez hautement devant le peuple la tromperie dont il est dupe ; invitez les assistants à entrer, pour qu'ils puissent toucher eux-mêmes du doigt l'imposture, voir de près le grossier mécanisme que vous m'avez dépeint. Ne craignez rien : le Dieu qui a protégé Daniel[1] vous protégera. Nous, les membres de la communauté chrétienne, nous serons dans la foule ; nous pousserons les faibles en avant, et, au premier mouvement de l'indignation populaire et de la honte générale, je planterai sur les autels la branche de palmier, symbole de l'Évangile, et l'esprit du Dieu vivant descendra sur mes lèvres. »

Apœcides consentit à ce projet avec une promptitude qui ravit Olynthus. Ils se séparèrent après avoir convenu

---

1. Jeune noble juif sauvé par sa prière à Dieu dans la fosse aux lions.

que celui-ci débattrait de cette grande entreprise avec les plus éminents de ses frères chrétiens ; qu'il recueillerait leurs avis et l'assurance de leur concours pour le grand jour. Or l'une des fêtes d'Isis tombait le surlendemain même de leur entretien. C'était l'occasion rêvée.

Dès que les ombres du prêtre et du chrétien eurent disparu du bosquet, une sombre et sinistre figure sortit de derrière la chapelle.

« J'ai eu raison de vous épier, mon confrère, se félicitait en lui-même l'inquiétant personnage. Vous, prêtre d'Isis, si vous étiez ici à cette heure avec ce mystérieux chrétien, c'était pour tout autre chose que pour de vaines discussions... Hélas ! il est bien regrettable que je n'aie pu entendre ce que vous aviez dit ! Mais j'ai compris du moins que votre intention est de révéler les mystères sacrés et que demain vous vous réunissez de nouveau au même endroit pour décider de l'heure et du moment. Puisse Osiris aiguiser alors mes oreilles, afin que je surprenne dans leur entier les projets que vous dicte votre incroyable audace ! Lorsque j'en aurai appris davantage, j'irai consulter Arbacès. Nous saurons bien vous percer à jour, tout impénétrable que vous croyez être. »

Sur ces mots, Calénus s'enveloppa dans sa robe et rentra chez lui, pensif.

Le soleil commençait à décliner, mais les invités de Diomède qui étaient à table depuis plusieurs heures dans la salle du festin, fermée au jour, ne pouvaient s'en apercevoir. Quelques convives, cependant, qui devaient retourner à Herculanum[1], se levèrent et donnèrent le signal du départ général.

Glaucus, après avoir vu partir Ione, se dirigea vers l'escalier qui descendait à la chambre de Julia. Une esclave le conduisit à cet appartement, où il trouva la fille du marchand déjà assise.

« Glaucus, lui dit-elle en baissant les yeux, je vois que vous aimez Ione : elle est bien belle en effet.

— Oui, j'aime Ione : parmi les jeunes adorateurs qui se pressent autour de vous, puissiez-vous en avoir un aussi sincère !

— Je prie les dieux de me l'accorder. Tenez, Glaucus, voici des perles que je destine à votre fiancée. Veuille Junon lui donner assez de santé pour les porter longtemps ! »

En prononçant ces mots, elle déposa dans la main de Glaucus une cassette qui contenait un rang de perles assez grosses et d'une certaine valeur. L'usage d'offrir de pareils cadeaux aux futurs mariés était déjà suffisamment répandu pour que Glaucus ne se fît aucun scrupule d'accepter ce collier. Le courtois et fier Athénien se proposait d'ailleurs de rendre à Julia quelque présent d'au moins trois fois la valeur du sien. Elle l'arrêta au milieu de ses remerciements, et, versant un peu de vin dans une petite coupe, ajouta en souriant :

« Vous avez porté bien des santés avec mon père, portez-en une avec moi. À la santé et au bonheur de votre épouse ! »

---

1. Ville au pied du Vésuve, ensevelie comme Pompéi.

Elle toucha la coupe du bout des lèvres et la présenta à Glaucus. La coutume voulait qu'il la vidât jusqu'à la dernière goutte : il le fit. Julia, qui ignorait la supercherie de Nydia, suivait ses moindres mouvements d'un regard inquiet mais plein de feu. Quoique la magicienne l'eût prévenue que l'effet pourrait bien ne pas être immédiat, elle pensait que ses charmes doubleraient au moins la force du sortilège. Son attente fut trompée : Glaucus remit froidement la coupe sur la table et continua de s'entretenir avec elle d'un ton courtois, sans témoigner d'aucune émotion nouvelle. Elle le retint aussi longtemps qu'elle put ; mais les manières de Glaucus ne changèrent pas à son égard.

« Demain..., se dit-elle, laissant une folle espérance balayer son premier désappointement ; demain ! »

Lorsque Glaucus arriva chez lui, il trouva Nydia assise sous le portique du jardin. Elle était accourue à sa maison dans l'espoir qu'il reviendrait de bonne heure ; inquiète, craintive, rêveuse, elle s'était décidée à profiter de la première occasion pour éprouver la vertu du philtre.

Il traversa le portique juste au moment où les premières étoiles se levaient, alors que le ciel revêtait sa robe de pourpre.

« Ah ! mon enfant, tu m'attendais ?

— Non ; je venais d'arroser les fleurs, et je me reposais un moment.

— Il fait chaud, dit Glaucus en s'asseyant sur un des sièges adossés à la colonnade. Veux-tu appeler l'esclave ?

Le vin m'a donné soif, et je désirerais prendre quelque boisson rafraîchissante. »

C'est ainsi que, d'elle-même et de la manière la plus inattendue, se présenta l'occasion recherchée par Nydia.

« Je veux vous préparer moi-même le breuvage d'été qu'Ione affectionne, déclara-t-elle ; un breuvage composé de miel et d'un peu de vin rafraîchis.

— Merci, répondit Glaucus : si Ione l'aime, cela suffit ; je l'accepterai avec joie, fût-il un poison. »

Nydia fronça le sourcil et sourit : elle disparut quelques instants et revint avec une coupe qui contenait le breuvage ; Glaucus s'en saisit. Que n'aurait pas alors donné Nydia pour sortir de sa cécité pendant une heure, voir ses espérances se réaliser, distinguer les premières lueurs de cet amour dont elle rêvait, adorer, avec toute la ferveur des Perses, le lever de ce soleil qui devait, selon son âme crédule, illuminer à jamais les ténèbres de sa nuit terrible ! Grande était la différence entre les émotions de la jeune aveugle et celles qui avaient agité l'orgueilleuse Pompéienne, lors de la même attente. Que de frivoles passions chez celle-ci ! Que de petitesse et de dépit, quel misérable désir de vengeance profanant son prétendu amour ! Dans le cœur de la Thessalienne, au contraire, tout était pure dévotion.

Elle s'appuya contre le mur, et sa figure, de pourpre tout à l'heure, était à présent blanche comme la neige ; ses mains délicates étaient convulsivement serrées ; et les lèvres entrouvertes, les yeux à terre, elle attendait avec anxiété les premiers mots que Glaucus allait prononcer.

Il avait déjà porté la coupe à ses lèvres, il avait bu à

peu près le quart de ce qu'elle contenait lorsque son regard tomba sur la figure de Nydia et en remarqua l'altération. Cette expression d'attente et d'effroi était si étrange qu'il cessa de boire tout à coup, et s'écria :

« Pauvre Nydia, tu n'es pas bien. Il faut que tu souffres de quelque mal violent, ta figure ne le dit que trop. Qu'as-tu donc, ma pauvre enfant ? »

En prononçant ces mots, il posa la coupe à terre et se leva. C'est alors qu'il sentit une douleur soudaine lui glacer le cœur, et une sensation confuse, vertigineuse, ébranler son cerveau. Le pavé sembla se dérober sous lui... Une gaieté irrésistible et surnaturelle s'empara de son esprit. Il poussa involontairement un long et bruyant éclat de rire. Il battit des mains, bondit, comme une pythonisse[1] inspirée. Ce transport singulier cessa presque aussitôt, mais en partie seulement... Son sang courait rapidement dans ses veines, s'élançant avec la vivacité d'un ruisseau qui a rompu un obstacle et qui se précipite vers l'Océan. Son oreille en saisissait le vivant murmure ; il le sentait monter à son front, se répandre dans ses tempes, et ses veines se gonfler, comme si elles ne pouvaient plus contenir cette marée montante impétueuse ; alors une demi-obscurité se répandit sur ses yeux ; il apercevait au travers de cette ombre les murs opposés, dont les figures lui paraissaient s'animer et marcher ainsi que des fantômes. Le plus étrange, c'est qu'il ne souffrait plus ; la nouveauté des sensations avait

1. Prophète qui exprime les oracles du dieu Apollon (frère de Diane).

quelque chose d'exaltant ; il était tout près de la folie, et il n'en avait pas conscience.

Nydia n'avait pas répondu à sa première question ; elle n'était pas en état de répondre. L'inconcevable éclat de rire de Glaucus l'avait tirée de ses incertitudes passionnées ; elle ne pouvait voir à quel point sa figure s'était modifiée ; elle ne pouvait remarquer ses pas chancelants, ses allées et venues, dont il ne se doutait d'ailleurs pas lui-même ; mais elle entendait les mots interrompus, incohérents, insensés qui sortaient de ses lèvres. Elle en fut terrifiée et courut à lui, le cherchant des mains, jusqu'à ce qu'elle eût rencontré ses genoux. Alors, tombant à terre, elle les embrassa en sanglotant :

« Oh ! Parle-moi, parle-moi ; tu ne me hais pas ? Parle ! Parle !...

— Par la déesse de la beauté, c'est une île magnifique que celle de Chypre ! On y remplace le sang de nos veines par du vin. Ah ! voilà qu'on ouvre celles d'un faune, là-bas, pour nous faire voir comme il bouillonne et brûle. Viens ici, vieux dieu de la joie. Tu es monté sur un bouc... Ah ! comme il a les crins soyeux ! Il vaut tous les coursiers parthes. Mais ton vin est trop fort pour nous autres mortels... Les vertes vagues de la forêt ont pris le Zéphyr[1] et l'ont noyé. Pas un souffle n'agite les feuilles, et je vois les songes endormis, les ailes ployées, sous l'ormeau immobile ; et, plus loin, une onde bleue étincelle sous les flammes du midi silencieux ; une fontaine... une fontaine jaillit dans les airs. Ah ! fontaine, tu ne sau-

1. Un des quatre vents du monde.

rais éteindre les rayons de mon soleil grec, quoi que tu puisses faire avec tes agiles bras d'argent... Tiens ! quelle forme se dessine là-bas, à travers les branches ? Elle glisse comme un rayon de lune... Elle porte sur la tête comme une guirlande de feuilles de chêne ! Aucun sourire sur ses joues... Elle marche gravement, doucement, mélancoliquement. Ah ! fuyez... C'est une nymphe[1], une des nymphes sauvages des bois et des montagnes. Qui les voit devient fou !... Fuyez... elle m'a découvert. »

Un nouveau changement sembla s'opérer dans l'esprit perturbé de l'infortuné Athénien. Il posa ses mains sur la soyeuse chevelure de Nydia ; il en caressa les boucles ; il la regarda attentivement ; et, comme, dans la chaîne rompue de ses idées, deux ou trois anneaux tenaient encore ensemble, sa figure parut le rappeler au souvenir d'Ione ; et cette vague image rendit sa démence plus forte encore en y joignant toute l'impétuosité de la passion.

« Je jure, s'écria-t-il, par Vénus[2], par Diane[3] ou par Junon[4], que, bien que j'aie en ce moment le monde sur mes épaules, comme autrefois mon compatriote Hercule... Ah ! oui, stupides Romains, tout ce qui a été grand a été grec ; et sans nous, vous n'auriez pas de dieux... Qu'est-ce que je disais ?... Comme mon compatriote Hercule l'avait réussi avant moi... ce monde... je le laisserais tomber dans le chaos pour un seul sourire d'Ione. Ah ! beauté adorée, ajouta-t-il avec une plaintive et indi-

1. Divinité des bois, des montagnes et des eaux.
2. Déesse de l'Amour.
3. Déesse de la chasse.
4. Épouse de Jupiter.

cible douceur, tu ne m'aimes pas ! Tu n'es pas bonne pour moi... L'Égyptien m'a calomnié auprès de toi, tu m'abandonnes... Oh ! ne me quitte pas maintenant ! Ne suis-je pas né dans la glorieuse contrée de tes pères ?...

— Glaucus ! Glaucus ! » murmura Nydia, cessant de le retenir et tombant sans connaissance sur le pavé, sous les effets conjugués du remords, de l'épouvante et de la douleur.

« Qui m'appelle ? s'écria-t-il. Ione, est-ce toi ? Ils l'ont emportée... sauvons-la. Où est mon style ?... Ione, je viens à ton secours, je viens, je viens... »

À ces mots l'Athénien franchit le portique d'un bond, traversa la maison, et sortit d'un pas rapide et chancelant, en se parlant à lui-même, le long des rues éclairées par les étoiles. La funeste drogue brûlait comme du feu dans ses veines, car ses effets étaient décuplés par l'état où le banquet avait mis ses esprits. Accoutumés aux excès qui suivaient les repas nocturnes, les passants souriaient, se détournant de lui avec des signes d'intelligence ; ils s'imaginaient que Glaucus était sous l'empire de Bacchus, fort honoré à Pompéi ; mais ceux qui s'attardèrent à observer son visage tressaillirent bientôt d'un effroi sans nom, et le sourire quitta leurs lèvres. Il parcourut ainsi les rues les plus populeuses, se dirigeant instinctivement vers la maison d'Ione, lorsque, arrivé à un quartier plus solitaire, il entra dans le bosquet de Cybèle[1], où il se trouva en présence d'un étrange spectacle...

1. Divinité orientale adoptée par Rome, personnifiant la force de la Nature.

Impatient de savoir si la drogue fatale avait été administrée et quel effet elle avait pu produire, Arbacès résolut, le soir même, de se rendre chez Julia, pour satisfaire sa curiosité. Il était d'usage pour les hommes de cette époque de sortir avec leurs tablettes[1] et leur style[2] attachés à leur ceinture ; ils ne les déposaient que dans leur intérieur. En réalité, sous l'apparence d'un instrument destiné à écrire, ils cachaient une arme aiguë et redoutable... Ce fut avec le style que Cassius frappa César dans le sénat[3]. Prenant donc sa ceinture et son manteau, Arbacès sortit de sa maison ; il était encore faible et soutenait sa marche à l'aide d'un long bâton ; néanmoins l'espoir de la vengeance, ajouté à ses profondes connaissances médicales, avait considérablement hâté le rétablissement de ses forces naturelles. Il prit le chemin de la maison de campagne de Diomède.

L'astre de la nuit éclairait d'une lumière douce et brillante l'antique bosquet consacré à Cybèle. Les arbres majestueux, dont l'âge remontait au-delà même de la tradition, jetaient leurs longues ombres sur la terre, tandis qu'entre leurs branches scintillaient les étoiles.

D'un pas furtif et léger, Calénus, de son côté, se glissant sous l'ombre des arbres, s'approcha de la chapelle, et, repoussant les feuillages autour de lui, s'installa dans sa cachette ; elle était si bien close, avec le temple devant

1. Plaquettes de bois recouvertes de cire sur laquelle on incisait les lettres avec un style ou stylet.
2. Pointe pour écrire sur des tablettes enduites de cire (voir ce mot).
3. Conseil souverain à l'époque romaine.

lui et les arbres derrière, qu'aucun passant ne pourrait l'y découvrir.

Des hauteurs où le bosquet était situé, on voyait, à travers les intervalles des arbres, la mer vaste et pourprée qui grondait au loin, les blanches maisons de Stabies[1] sur la pente du rivage, et les obscures collines Lectiariennes[2] confondues dans un ciel délicieux. Au même moment, la longue silhouette d'Arbacès, qui se rendait chez Diomède, apparut à l'entrée du bosquet ; et il arriva qu'Apœcides, qui venait rejoindre Olynthus, passa devant lui.

« Eh bien, Apœcides, dit Arbacès en reconnaissant le jeune prêtre du premier coup d'œil, lorsque nous nous sommes rencontrés la dernière fois, vous étiez mon ennemi. J'ai désiré, depuis, vous revoir, car je souhaite que vous restiez toujours mon disciple et mon ami. »

Apœcides tressaillit à la voix de l'Égyptien et, s'arrêtant brusquement, le regarda avec un air de profond mépris.

« Scélérat ! Imposteur ! Tu as donc réchappé au tombeau ! Mais n'espère plus jeter sur moi tes filets sacrilèges... Je suis armé contre toi.

— Tais-toi ! » répliqua Arbacès à voix basse ; mais, la rougeur subite du front et le tremblement des lèvres trahirent aussitôt l'orgueil blessé.

« Parle plus bas, tu pourrais être entendu, et si d'autres oreilles que les miennes avaient surpris tes

---

1. Ville du golfe de Naples, engloutie, comme Pompéi et Herculanum, par le Vésuve.

2. Nom des collines près de Pompéi (en italien monts Lattari).

paroles... les mânes[1] de mes ancêtres ne me permettraient pas de te pardonner. Mais calme-toi un instant... un seul instant, je te prie... Et écoute-moi bien : je te demande ta sœur en mariage. Ne frémis pas... réfléchis... Qu'est-ce que l'alliance de ce Grec frivole à côté de la mienne ? Une fortune incalculable... une naissance auprès de laquelle, comparés à son ancienneté, les hommes grecs ou romains paraissent dater d'hier ; la science... mais tu sais tout cela. Je te demande ta sœur, et ma vie entière lui sera consacrée.

— Arbacès, à supposer que j'y consente, sache que ma sœur abhorre l'air que tu respires ; quant à moi, j'ai mes propres griefs. Je puis oublier que tu t'es servi de moi pour parvenir à tes fins, mais jamais que tu m'as séduit au point de me faire partager tes vices, que tu as fait de moi un homme souillé et parjure. Tremble ; à cet instant même, je mets tout en œuvre pour que tu sois démasqué, toi et tes faux dieux ; ta vie débauchée comme celle des compagnons de Circé[2] sera exposée au grand jour ; tes oracles menteurs seront dévoilés... Le temple de l'idole Isis deviendra un objet de mépris ; le nom d'Arbacès sera livré aux railleries et à l'exécration du peuple. »

À la rougeur qui avait couvert le front de l'Égyptien succéda une pâleur livide ; il regarda derrière lui, devant et alentour, pour s'assurer que personne n'était là, et fixa ensuite son noir et pénétrant regard sur le jeune prêtre. Il s'en dégageait une expression de colère si menaçante

1. Esprit des morts.
2. Magicienne.

qu'aucun autre qu'Apœcides, soutenu quant à lui par sa foi, n'aurait pu la supporter sans effroi. Le jeune converti demeura impassible sous ce regard, et y répondit par un air d'orgueilleux défi.

« Apœcides, reprit l'Égyptien d'une voix sourde qui trahissait son trouble, prends garde ! Que médites-tu ? Parles-tu sous l'effet de la colère, sans dessein préconçu, ou bien as-tu quelque projet arrêté derrière la tête ?

— Je parle sous l'inspiration du vrai Dieu dont je suis à présent le serviteur, répondit hardiment le chrétien, et dans l'assurance que la grâce triomphera de ton hypocrisie et du culte du démon : avant que le soleil ait brillé trois fois, tu auras eu l'occasion de t'en rendre compte. »

Toutes les passions ardentes et farouches que l'Égyptien avait reçues en héritage de sa nature et de son climat, et qu'il avait peine à cacher sous les apparences de la douceur et d'une froide philosophie, se déchaînèrent à la fois dans son cœur. Une pensée succédait rapidement à une autre : celui qu'il avait devant lui était tout à la fois un obstacle invincible à une alliance légitime avec Ione, le complice de Glaucus tel qu'il l'avait vu dans la lutte qui devait bouleverser ses desseins, l'homme qui allait déshonorer son nom, le traître à la déesse, qu'il avait servie sans croire à son culte, celui enfin qui devait prochainement révéler ses impostures et ses vices. Son amour, sa réputation, sa vie entière se trouvaient en danger ; le jour et l'heure de la catastrophe étaient déjà fixés. De son propre aveu, il apprenait qu'Apœcides avait la foi chrétienne, et il savait quel zèle incomparable animait les prosélytes[1] de son espèce. Il mit la main sur son style ; l'ennemi était en son pouvoir. Il jeta de nouveau un regard furtif autour de lui. Personne. Le silence et la solitude le décidèrent.

« Meurs donc, dit-il, dans ta témérité ; disparais, vivant obstacle de mes destinées ! »

Et à l'instant où le chrétien s'était retourné pour le quitter, Arbacès leva la main par-dessus son épaule gauche, et plongea sa lame aiguë à deux reprises dans sa poitrine.

Apœcides tomba, touché au cœur... Il mourut sans un soupir au pied de la chapelle sacrée.

Arbacès le considéra un moment avec la joie animale et féroce qui suit la mort d'un ennemi ; mais l'idée du danger auquel il venait de s'exposer s'empara bientôt de son esprit. Il essuya avec soin son arme sur le gazon et à l'aide des vêtements mêmes de la victime, puis, s'enveloppant de son manteau, il se disposa à partir ; c'est alors qu'il vit venir à lui un jeune homme dont les pas vacillaient et chancelaient d'une façon singulière ; cette figure, sous la lueur blafarde, parut à Arbacès aussi blanche que le marbre. Il reconnut les traits et la silhouette de Glaucus ; le malheureux Grec chantait une chanson décousue et triste, composée de fragments d'hymnes et d'odes sacrées, entremêlés sans ordre ni sens commun.

« Ah ! s'écria l'Égyptien, comprenant aussitôt, le breu-

1. Tout nouveau converti à une religion.

vage agit, et la destinée l'amène ici pour que je triomphe à la fois de mes deux ennemis ! »

Promptement, et avant même que cette pensée lui fût venue, il s'était retiré vers l'un des côtés de la chapelle, et s'était caché parmi les branches ; de cette cachette, il surveilla, comme un tigre dans son antre, l'arrivée de sa seconde victime. Il remarqua les flammes errantes qui traversaient les yeux de l'Athénien, les convulsions qui détruisaient la régularité sculpturale de ses traits et décoloraient ses lèvres ; il comprit que le Grec était tout à fait dépourvu de sa raison. Cependant, lorsque Glaucus arriva près du corps d'Apœcides, dont le sang inondait le gazon, un si étrange et terrible spectacle ne put, malgré le désordre de ses esprits, manquer d'arrêter ses pas. Il s'arrêta donc, passa sa main sur son front, comme pour rappeler sa mémoire, et dit :

« Oh ! oh ! Endymion[1], tu dors bien profondément ?... Qu'est-ce donc que la lune a pu te dire ? Tu me rends jaloux... Il est temps de te réveiller... »

Il se baissa dans l'intention de soulever le corps.

Alors l'Égyptien s'élança de l'endroit où il était caché, et, pendant que le Grec se baissait, il le frappa et le jeta sur le corps du chrétien ; puis, élevant sa forte voix aussi haut qu'il le put, il s'écria :

« Holà ! citoyens, holà ! à mon aide... Ici, ici ! Au meurtre, au meurtre, là devant votre temple ! Au secours... Venez ! Attrapez-le, il va s'échapper !... »

Tout en criant ainsi, il plaça son pied sur la poitrine

1. Berger très beau, immortel, et plongé dans un sommeil sans fin par Zeus.

de Glaucus... Précaution superflue... car, autant sous l'effet du breuvage que sous le choc de sa chute, le Grec demeurait sans mouvement, insensible ; seules ses lèvres continuaient à laisser sortir des sons vagues et incohérents.

Cependant, sans changer de position, Arbacès attendait l'arrivée de quelques citoyens. Peut-être éprouva-t-il quelque remords, quelque pitié... En dépit de ses crimes, n'était-il pas tout de même homme ?...

Mais aussitôt, voulant tordre le cou à cette pitié détestable, il cria plus fort encore et, tirant de la ceinture de Glaucus le style qui y était attaché, le plongea dans le sang de sa première victime et le posa à côté du corps.

Enfin, plusieurs citoyens accoururent : quelques-uns avec des torches qui flamboyaient d'une manière sinistre à travers les arbres.

« Emportez ce corps, dit l'Égyptien, et emparez-vous du meurtrier. »

Grande fut leur horreur et leur indignation, lorsqu'ils découvrirent que le cadavre était celui d'un prêtre de la vénérable Isis ; mais leur surprise fut encore plus grande quand ils virent que celui qu'on accusait n'était autre que le fameux Athénien.

« Glaucus ! s'écrièrent-ils d'une seule voix. Est-ce croyable ?...

— Je croirais plus volontiers, dit un homme à son voisin, que c'est l'Égyptien lui-même. »

Un centurion[1] se jeta dans la foule avec autorité.

---

1. Commandant cent soldats dans l'armée romaine.

« Ah ! du sang ! dit-il. Qui est le meurtrier ? »

Les assistants montrèrent Glaucus.

« Lui ! par Mars[1] ! Il a plutôt l'air d'une victime. Qui l'accuse ?

— Moi ! » dit Arbacès en se redressant avec fierté.

Et les joyaux qui garnissaient sa robe, resplendissant aux yeux du digne guerrier, persuadèrent aisément qu'il s'agissait là d'un témoin des plus honorables.

« Pardonnez-moi ; votre nom ?

— Arbacès ; il est bien connu, je crois, à Pompéi. En passant dans ce bosquet, j'ai vu ce Grec et le prêtre ensemble : leur conversation était très animée. Je fus frappé des mouvements désordonnés du premier, de ses gestes violents, de sa voix éclatante. Il me paraissait ivre ou fou. Soudain je l'ai vu tirer son style... Je me suis élancé, mais trop tard ! Il avait frappé deux fois sa victime, et se penchait sur son corps, lorsque, dans mon horreur et mon indignation, je l'ai jeté violemment lui-même la face contre terre... Il est tombé sans lutte, ce qui me fait supposer qu'il n'était pas maître de ses sens, lorsqu'il a commis le crime ; car, à peine remis moi-même d'une cruelle maladie, le coup que je lui ai porté était faible, surtout comparativement à la force d'un jeune homme comme lui. Jugez vous-même !

— Ses yeux s'ouvrent, il a bougé les lèvres, dit le soldat. Parle, qu'as-tu à répondre à cette accusation ?

— L'accusation, ah ! ah !... Ce qui a été fait a été bien fait... Lorsque la vieille sorcière a dirigé son serpent sur

1. Dieu de la guerre.

moi... et que Hécate se tenait là en riant à mon oreille... Que pouvais-je faire ? Mais je suis souffrant... je me sens défaillir... La langue du serpent m'a mordu... Portez-moi dans mon lit... faites venir le médecin... le vieil Esculape[1] accourra lui-même, si vous dites que je suis Grec... Oh ! merci ! Mon cerveau, la moelle de mes os... Je brûle. »

Et après un long et douloureux soupir, l'Athénien tomba dans les bras des gens qui étaient accourus.

« Il est en délire, dit l'officier avec compassion, et, dans son emportement, il a frappé le prêtre. Quelqu'un l'a-t-il vu aujourd'hui ?

— Moi, dit un des spectateurs. Je l'ai vu ce matin ; il est passé devant ma boutique et il m'a accosté. Il me paraissait bien portant et aussi posé que le plus calme d'entre nous.

— Moi, cela fait moins d'une heure que je l'ai vu ! ajouta un autre. Il parcourait les rues en se parlant à lui-même avec des gestes étranges, absolument comme vient de le dépeindre l'Égyptien.

— Confirmation du témoignage. Ce ne peut être que la vérité. Il sera conduit chez le préteur... Cela fait vraiment pitié ! Si jeune et si riche ! Mais le crime est terrible ! Un prêtre d'Isis, et au pied de notre plus ancienne chapelle ! »

À ces paroles, la foule prit conscience à retardement de l'ampleur du sacrilège : ce n'était plus un crime ordinaire ; il y eut un mouvement de pieuse horreur.

1. Dieu de la médecine.

« Pas étonnant que la terre vienne à trembler, dit quelqu'un, lorsqu'elle porte de tels monstres !

— En prison ! En prison ! » s'écrièrent-ils tous.

Une voix, plus perçante que les autres, ajouta avec un ton joyeux :

« Pour une fois, les bêtes auront un gladiateur tout trouvé ! » C'était la voix d'une jeune fille, d'une esclave de Diomède.

« Très juste ; c'est une aubaine pour les jeux ! » répétèrent plusieurs voix.

Et toute pensée de miséricorde en faveur de l'accusé sembla s'évanouir. Désormais, sa jeunesse et sa beauté en faisaient une victime idéale pour l'arène.

« Apportez quelques planches... ou une litière, s'il y en a une dans les parages ; et qu'on y mette le mort, commanda Arbacès. Un prêtre d'Isis ne saurait être porté à son temple à mains nues, comme un gladiateur ! »

Les assistants étendirent respectueusement le corps d'Apœcides sur le gazon, le visage tourné vers le ciel, et quelques-uns d'entre eux se mirent en quête d'un moyen de transport, afin que le corps ne fût pas touché par des mains profanes.

Au même moment, écartant vigoureusement la foule sur son passage, apparut Olynthus. Bien qu'il se retrouvât tout près de l'Égyptien, son premier regard, empreint d'une horreur indicible, s'arrêta, douloureux, sur cette poitrine sanglante et sur ces traits où se peignait encore l'angoisse d'une mort violente.

« Assassiné ! s'écria-t-il... Auraient-ils découvert ton noble dessein, ta mort aurait-elle prévenu leur honte ? »

Il tourna la tête, et ses yeux s'arrêtèrent sur la figure solennelle de l'Égyptien.

Pendant qu'il le regardait, on aurait pu voir sur son visage la répugnance et l'aversion que le chrétien ressentait pour un être qu'il savait si dangereux et si criminel. C'était le regard de l'oiseau sur le basilic. Mais, sortant soudain de cette espèce d'engourdissement qui l'avait saisi, Olynthus étendit le bras vers Arbacès, et dit d'une voix forte et hardie :

« On a assassiné ce jeune homme ! Où est le meurtrier ? Réponds, Égyptien ; car, par le Dieu vivant, je crois bien que c'est toi. »

Le sombre visage d'Arbacès s'altéra un instant, laissant transparaître une furtive inquiétude ; mais ce changement, à peine perceptible, fut aussitôt suivi d'une expression de colère et de mépris ; la foule s'était arrêtée, surprise par la véhémence de l'accusation.

« Je sais, dit Arbacès, quel est mon accusateur, et je devine pourquoi il m'interpelle ainsi. Citoyens, je vous signale cet homme comme le plus fougueux des Nazaréens, ou des chrétiens, je ne sais pas bien comment on les appelle... Qu'y a-t-il d'étonnant à ce qu'il ose accuser lui-même un Égyptien du meurtre d'un prêtre d'Égypte ?

— Je le connais ! Je connais ce chien ! s'écrièrent plusieurs voix. C'est Olynthus le chrétien, ou plutôt l'impie[1]. Il nie les dieux.

— Silence, frères ! reprit Olynthus avec dignité.

1. Qui n'a pas de religion ou qui offense une religion.

Écoutez-moi. Ce prêtre d'Isis, assassiné, avait embrassé le christianisme avant sa mort ; il m'avait révélé les mystérieuses débauches et les supercheries de ces Égyptiens, les manigances et les impostures du temple d'Isis : il se préparait à les faire connaître publiquement. Lui, un étranger, inoffensif, sans ennemis !... Qui a pu verser son sang, si ce n'est un de ceux qui craignaient son témoignage ?

— Vous l'entendez ? s'écria Arbacès. Il blasphème : demandez-lui s'il croit en Isis.

— Comment croirais-je à un démon impur ? » repartit audacieusement Olynthus.

Un frisson accompagné d'une longue rumeur courut dans l'assemblée. Sans s'étonner, car il était prévenu depuis longtemps contre le danger, et négligeant toute prudence, le chrétien continua :

« Arrière, idolâtres ! Cette dépouille n'est pas faite pour vos rites vains et impurs... Elle nous appartient... Ce sont les serviteurs du Christ qui doivent rendre les derniers devoirs à un chrétien ! »

Ces mots furent prononcés d'une voix si solennelle et si imposante que la foule n'osa pas laisser paraître la haine et l'exécration dont elle se sentait pénétrée.

Il émanait du front ridé et fatigué d'Olynthus une majesté imposante ; la tranquillité de tout son être, empreint d'une ineffable bienveillance, incitait à lui rendre la sympathie et le respect qu'il portait aux autres. Sa main gauche s'était baissée vers le corps ; sa main droite s'élevait vers le ciel.

Le centurion s'avança de nouveau :

« À part ce vague soupçon, Olynthus, quelle autre preuve as-tu contre Arbacès ? »

Olynthus garda le silence. L'Égyptien sourit avec mépris.

« Oserais-tu réclamer le corps d'un prêtre d'Isis en prétendant qu'il appartient à la secte des Nazaréens ou des chrétiens ?

— Précisément.

— Jure par le temple, par cette statue de Cybèle, par le sanctuaire le plus ancien de Pompéi, que le mort avait embrassé votre foi.

— Homme insensé ! Je désavoue vos idoles. Comment puis-je jurer par Cybèle ?

— À bas, à bas l'impie ! À bas ! Que la terre s'ouvre pour nous engloutir, si nous souffrons de pareils balsphémateurs dans le bosquet sacré ! Mort à cet homme !...

— Aux bêtes ! ajouta une voix de femme au milieu de la foule. Nous avons maintenant un morceau pour le lion et un autre pour le tigre.

— Si tu ne crois pas à Cybèle, Nazaréen, reprit le soldat sans s'émouvoir des cris de la foule, auquel de nos dieux crois-tu ?

— À aucun.

— Écoutez-le, écoutez ! cria la foule.

— Hommes vains et aveugles ! poursuivit le chrétien en élevant la voix. Comment pouvez-vous croire à des images de bois et de pierre ?... Comment pouvez-vous imaginer qu'elles ont des yeux pour voir, des oreilles pour entendre, des mains pour vous secourir ?... Cette muette idole, taillée par la main d'un homme, est-elle une déesse ? A-t-elle créé le genre humain ?... Ou n'est-ce pas plutôt le contraire : un vulgaire objet fabriqué de toutes pièces par les hommes et pour eux ! Soyez donc convaincus de son néant et de votre folie. »

Ceci dit, il s'élança vers le temple, et avant qu'un des assistants pût s'opposer à son dessein, il renversa la statue de bois de son piédestal.

« Voyez, s'écria-t-il, votre statue est incapable de se venger elle-même... Est-elle digne du culte que vous lui rendez ? »

On ne lui permit pas d'en dire davantage. Un si grand et si audacieux sacrilège, dans un temple des plus vénérés, mit au comble l'horreur et la rage dans l'assemblée : la foule, d'un commun accord, se précipita sur lui, le saisit, et, sans l'intervention de l'officier, l'aurait mis en pièces.

C'est alors qu'un prêtre d'Isis apparut.

« Je réclame ces restes, dit-il.

— Qu'on obéisse au flamine ! » ordonna le centurion.

Arbacès, en se retournant, rencontra le regard du prêtre d'Isis : c'était Calénus. Il y avait dans ce regard quelque chose de significatif, une expression tellement sinistre, que l'Égyptien se demanda :

« Aurait-il tout vu ? »

Une jeune fille sortit de la foule et dévisagea Olynthus...

« Par Jupiter, dit-elle, voilà un homme... Je vous l'ai dit : une victime pour chaque bête !...

— Oui, s'écria la foule, un homme pour le lion, un autre pour le tigre ! »

La nuit était déjà bien avancée ; pourtant la foule était encore nombreuse dans les endroits où les joyeux habitants de Pompéi avaient coutume de se réunir. Mais ce soir-là, les visages de tous ces oisifs trahissaient un sérieux inhabituel. Et si, de groupe en groupe, les conversations allaient bon train, il semblait que ce fût avant tout pour tromper l'anxiété de chacun.

Un jeune homme passa vivement à côté du gracieux portique du temple de la Fortune ; il marchait si rapidement qu'il heurta avec rudesse la rotondité majestueuse du respectable Diomède, qui se retirait à sa maison du faubourg.

« Holà ! cria le marchand en reprenant avec quelque peine son équilibre ; est-ce que vous n'y voyez pas clair ?

— Ah ! Diomède, c'est vous ? Pardonnez ma maladresse ; j'étais absorbé dans la méditation des vicissitudes de la fortune. Notre pauvre ami Glaucus ; qui l'aurait pensé ?

— Je vous excuse ; mais dites-moi, Claudius, sera-t-il réellement renvoyé devant le sénat ?

— Oui ; on dit que son crime est d'une nature extraordinaire, que le sénat peut seul le juger, de sorte que les licteurs[1] doivent le poursuivre formellement.

— Il a donc été accusé publiquement ?

— Oui !... Où étiez-vous, pour n'en rien savoir ?

— Je reviens de Néapolis, où je suis allé pour affaires le lendemain même de son crime... Quelle chose

1. Gardes qui protégeaient les magistrats.

affreuse ! Et quand je songe qu'il était chez moi le soir même !

— On ne peut douter de sa culpabilité, dit Claudius en haussant les épaules, et, comme le jugement de crimes pareils passe avant tout, on prononcera la sentence avant les jeux.

— Les jeux ? Ô dieux tout-puissants ! répliqua Diomède ; est-ce qu'on le condamnerait aux bêtes, lui si jeune, si riche ?

— Sûrement mais après tout ce n'est qu'un Grec ; s'il était Romain, ce serait mille fois plus fâcheux.

— Et le blasphémateur, le chrétien, le Nazaréen ?

— Oh ! le pauvre chien, s'il veut sacrifier à Cybèle ou à Isis, on lui pardonnera... Sinon, il aura droit au tigre, du moins je le suppose ; le procès en décidera. Mais comment va la belle Julia ?

— Bien, j'imagine.

— Rappelez-moi à son souvenir, je vous prie. Vous avez entendu ? C'est le bruit d'une porte qui grince... Regardez là, c'est celle de la maison du préteur. Qui peut bien en sortir à cette heure ? Par Pollux[1] ! mais c'est l'Égyptien ! Quelle affaire peut-il avoir avec notre magistrat ?

— Un entretien au sujet du meurtrier, sans aucun doute ; je me demande bien quel a pu être le motif du crime... Glaucus allait-il épouser la sœur du prêtre ?

— Oui. Quelques personnes prétendent qu'Apœcides s'opposait à cette alliance ; il y a eu une

1. Jumeau de Castor et fils de Jupiter.

querelle subite. De toute évidence, Glaucus était ivre ; il était même tellement privé de raison qu'il s'est laissé prendre sans résistance.

— Pauvre garçon !... A-t-il un bon avocat ?

— Le meilleur... Caius Pollion, un homme de talent. Pollion a engagé à prix d'argent tous les patriciens pauvres, tous les prodigues bien nés de Pompéi, à revêtir leurs vieux habits râpés et à venir protester de leur amitié en faveur de Glaucus ; lui-même ne leur aurait d'ailleurs pas adressé la parole pour un empire, je dois lui rendre cette justice, car c'était un homme du grand monde dans le choix de ses connaissances. Ces gens-là vont tâcher d'attendrir les citoyens sur son sort, mais Isis est très populaire en ce moment.

— À propos ! J'ai quelques marchandises d'Alexandrie ; on doit protéger Isis.

— Oui... Adieu donc, mon digne ami, nous nous reverrons bientôt... Sinon nous ferons un petit pari à l'amphithéâtre. Tous mes calculs ont été renversés par cette fâcheuse aventure ; Glaucus avait parié pour Lydon, le gladiateur... il faudra que je remplace mes tablettes, autrement... Adieu ! »

Laissant Diomède, moins agile que lui, regagner sa maison de campagne, Claudius continua son chemin en fredonnant.

« Si Glaucus, pensait-il, est la proie du lion, Julia n'aura rien de mieux à faire que de m'aimer ; je deviendrai à coup sûr son préféré... et ainsi, je le suppose, je puis arriver à l'épouser ; mais, par les dieux ! les douze signes commencent à me manquer... les hommes me surveillent les doigts d'un air soupçonneux lorsque je remue le cornet à dés[1]. Cet infernal Salluste leur insinue que je triche... et, si l'on venait à découvrir que mes dés d'ivoire sont pipés, adieu les bons soupers et les billets parfumés... Claudius serait perdu ! Il vaut mieux me marier pendant qu'il en est encore temps, renoncer au jeu, et pousser ma fortune, ou plutôt celle de la belle Julia, à la cour impériale. »

S'abandonnant ainsi aux rêves de son ambition, le joueur se sentit arrêté par quelqu'un ; il se retourna et reconnut le sombre Arbacès.

« Salut, noble Claudius ! Pardonnez-moi d'interrompre le cours de vos pensées ; veuillez m'indiquer, je vous prie, la maison de Salluste.

— Elle est à quelques pas d'ici, sage Arbacès ; mais Salluste reçoit-il le soir ?

— Je n'en sais rien, répondit l'Égyptien, et je ne suis pas de ceux qu'il aimerait probablement à avoir pour compagnons ; mais vous savez que c'est dans sa maison qu'on a porté Glaucus, le meurtrier ?

— Ah ! ce bon cœur d'épicurien[2] ! Il croit à l'innocence du Grec. Vous me rappelez en effet qu'il l'a cautionné, et que, jusqu'au procès, il est responsable de sa comparution. La maison de Salluste vaut mieux en effet qu'une prison, surtout lorsqu'il s'agit de ce misérable trou du forum. Mais pourquoi cherchez-vous à voir Glaucus ?

---

1. Gobelet à dés, dés pipés, dés truqués pour gagner.
2. L'épicurien est un homme qui suit l'enseignement du philosophe Épicure, à savoir : « se suffire à soi-même et se contenter de peu ».

— Pourquoi ? Si nous pouvions, noble Claudius, lui épargner l'exécution, ce serait fort heureux. La condamnation d'un homme riche est un coup porté à la société elle-même ; je voudrais causer avec lui, car on assure qu'il a recouvré ses sens, afin de connaître les motifs de son crime ; il y aura peut-être des circonstances atténuantes à faire valoir.

— Vous êtes bienveillant, Arbacès.

— La bienveillance est le devoir de celui qui aspire à la sagesse, répliqua l'Égyptien avec modestie. Quel chemin conduit à la demeure de Salluste ?

— Je vais vous le montrer, répondit Claudius, si vous voulez me permettre de vous accompagner quelques instants. Mais, dites-moi, que devient la pauvre fille qui allait épouser l'Athénien, la sœur du prêtre assassiné ?

— Hélas ! elle a presque perdu la raison... Quelquefois elle exhale des imprécations contre le meurtrier, puis elle s'interrompt tout à coup, elle crie : "Mais pourquoi le maudire ? Ô mon frère, Glaucus n'est pas ton assassin ! Je ne le croirai jamais." Elle recommence, elle s'interrompt de nouveau, elle murmure, avec effroi : "Si c'était lui pourtant ?"

— Pauvre enfant !

— Mais il est heureux pour elle que les devoirs solennels que la religion ordonne de rendre aux morts aient grandement détourné son attention d'elle-même et de Glaucus ; dans la douleur où elle est plongée, elle semble à peine se souvenir que Glaucus est arrêté et à la veille d'un procès. Lorsque les honneurs funèbres auront été rendus à Apœcides, son appréhension reviendra, et alors je crains beaucoup que ses amis ne soient révoltés de la voir voler au secours du meurtrier de son frère.

— Il faut prévenir un tel scandale.

— Je pense que j'ai pris quelques précautions utiles à cet égard ; je suis son tuteur, et j'ai obtenu la permission de l'emmener chez moi, après les funérailles d'Apœcides ; là, elle sera en sûreté.

— Vous avez bien fait, sage Arbacès ; mais voici la maison de Salluste. Que les dieux vous gardent ! »

« Je ne suis pas un homme de sang, se dit l'Égyptien quand Claudius l'eut quitté ; je sauverai volontiers ce Grec, si, en se reconnaissant coupable, il consent à perdre Ione pour toujours, et à me délivrer de la crainte d'être découvert. »

Se glissant le long d'une rue étroite, il arriva à la maison de Salluste ; il aperçut alors, couchée sur le seuil de la porte, une forme sombre enveloppée dans un manteau.

Cette forme était si immobile, et les contours en étaient si vagues, que tout autre qu'Arbacès aurait cru avoir affaire à un revenant. À ce qu'on dit, ils reviennent avec prédilection hanter les lieux qu'ils ont habités autrefois. Mais de telles visions n'arrêtaient pas Arbacès.

« Lève-toi, dit-il en touchant le corps du pied ; tu me bouches le chemin.

— Ah ! qui es-tu ? » cria une voix aiguë ; et la forme se dressa, un rayon de lune éclaira le pâle visage de Nydia la Thessalienne. « Qui es-tu ? répéta-t-elle, je connais le son de ta voix.

— Jeune aveugle, que fais-tu si tard à cette porte ?... Est-ce bien convenable pour une aussi jeune fille ?...

— Je te connais, reprit Nydia à voix basse, tu es Arbacès l'Égyptien. »

Alors, comme entraînée par une soudaine impulsion, elle se jeta à ses pieds, joignit les mains, et s'écria d'un ton éperdu et passionné :

« Homme redoutable et puissant, sauvez-le, sauvez-le ; il n'est pas coupable, c'est moi ; il est dans cette maison... malade, mourant, et moi... je suis la cause détestable de tout, ils ne veulent pas me laisser pénétrer jusqu'à lui, ils repoussent la pauvre aveugle... Oh ! guérissez-le... vous connaissez sûrement un talisman... un contrepoison quelconque ; car c'est ce maudit breuvage qui a excité sa frénésie...

— Tais-toi, mon enfant, je sais tout... tu n'as pas oublié que j'ai emmené Julia à la caverne de la sorcière... elle lui aura versé la potion de sa main... mais sa réputation exige le silence... Ne te fais pas de reproche... ce qui doit être sera... Je vais voir le criminel, il peut encore être sauvé... Adieu ! »

Arbacès se débarrassa alors de l'étreinte de la Thessalienne désespérée et frappa violemment à la porte. Peu après, les pesantes barres de fer furent enlevées, et le portier apparut.

Moitié bâillant, moitié grognant, il fit entrer l'imposant visiteur. Nydia s'élança sur ses pas.

« Comment va-t-il ? s'écria-t-elle ; dites-le-moi.

— C'est encore toi, pauvre folle ! Tu devrais rougir... On dit qu'il est revenu à lui...

— Les dieux soient loués ! Et vous ne voulez pas m'admettre en sa présence... Je vous en supplie !...

— T'admettre ? Certainement non !... Va-t'en ! »

La porte se referma, et Nydia retomba sur le seuil avec un profond soupir. S'enveloppant de nouveau dans son manteau, elle reprit sa douloureuse veillée.

Pendant ce temps-là, Arbacès était déjà arrivé à la salle où Salluste était en train de souper tardivement avec son affranchi favori.

« Quoi ! Arbacès à cette heure !... Acceptez cette coupe.

— Non, Salluste, je te remercie de cette offre hospitalière... Mais ce n'est pas le plaisir qui m'amène. Comment se porte ton prisonnier ? On dit qu'il a retrouvé la raison.

— Hélas ! c'est vrai », répondit Salluste en essuyant une larme, car la bonté s'alliait chez lui à la dissipation. « Mais ses nerfs et tout son corps ont reçu un tel choc que je reconnais à peine le brillant et joyeux compagnon de mes plaisirs. Ce qu'il y a de plus étrange, c'est qu'il lui est impossible d'expliquer la frénésie soudaine dont il a été saisi ; il n'a qu'un vague souvenir de ce qui s'est passé, et, en dépit de ton témoignage, sage Égyptien, il soutient solennellement qu'il est innocent de la mort d'Apœcides.

— Salluste, répondit gravement Arbacès, il y a dans l'affaire de ton ami bien des circonstances qui méritent une indulgence particulière, et, si nous pouvions obtenir de sa bouche l'aveu et le motif de son crime, nous serions en droit d'espérer la clémence du sénat : car le sénat, tu le sais, a tout pouvoir d'adoucir la loi ou, au contraire, de la rendre plus sévère. C'est pour cela que je me suis entretenu avec l'autorité la plus élevée de la ville, afin d'obtenir la permission de rencontrer l'Athénien cette nuit. Tu n'ignores pas que le procès s'engage demain ?

— Eh bien ! dit Salluste, tu seras vraiment digne de ton nom oriental et de ta renommée si tu peux tirer de lui quelque chose ; essaie toujours. Pauvre Glaucus ! Lui qui était doué d'un si bon appétit, il ne mange plus rien ! »

L'aimable épicurien s'attendrit de nouveau à cette pensée. Il soupira, et ordonna à ses esclaves de remplir sa coupe.

« La nuit s'avance, dit l'Égyptien ; permets que je voie ton hôte maintenant. »

Salluste fit un signe d'assentiment et le conduisit à une petite chambre dont deux esclaves assoupis étaient censés garder l'entrée. La porte s'ouvrit et Salluste se retira, laissant l'Égyptien seul avec Glaucus.

Un haut candélabre[1] supportait une petite lampe qui brûlait près d'un petit lit étroit, éclairant d'une pâle lumière la figure de l'Athénien ; Arbacès fut ému de voir à quel point il était changé. Ses belles couleurs avaient pâli ; ses joues étaient creusées, ses lèvres contractées et décolorées ; la lutte avait été terrible entre la raison et la folie, la vie et la mort. La jeunesse, la force de Glaucus avaient triomphé ; mais l'ardeur de son sang, la vivacité

1. Colonne métallique portant des lampes pour s'éclairer.

de son esprit, son appétit de vivre, tout ce qui faisait son charme et son succès étaient perdus à jamais.

L'Égyptien s'assit près du lit ; Glaucus demeura muet, sans s'apercevoir de sa présence ; enfin, après une longue pause, Arbacès parla :

« Glaucus, nous avons été ennemis : je viens seul vers toi dans le silence de la nuit, comme un ami, peut-être comme un sauveur. »

Au son de cette voix inattendue, le malade se souleva. L'apparition soudaine de son ennemi le mit instantanément hors d'haleine. Il tremblait. Leurs yeux se rencontrèrent, et ni l'un ni l'autre, durant quelques instants, ne put détourner son regard ; l'Athénien s'empourpra, tandis que pâlissaient les joues bronzées de l'Égyptien. À la fin, Glaucus, se détournant avec un faible soupir, passa la main sur son front, se laissa retomber sur son lit et murmura :

« Est-ce que je rêve encore ?

— Non, Glaucus, tu es éveillé ; par cette main droite et sur la tête de mon père, tu vois un homme qui peut te sauver. Écoute. Je sais ce que tu as fait, mais je sais aussi quelle est ton excuse, et toi-même tu l'ignores. Tu as commis un meurtre, c'est vrai, un sacrilège même ; ne frémis pas ; sois calme. Mes yeux en ont été témoins, mais je puis te sauver. Je puis prouver que tu n'avais pas ta raison, que tu n'as pas agi en homme maître de ses idées et de ses actions. Mais, pour que je te sauve, il faut que tu avoues ton crime... Signe ce papier. Reconnais que ta main a donné la mort à Apœcides et tu éviteras l'urne fatale.

— Qu'est-ce que j'entends ?... Apœcides... Ne l'ai-je pas trouvé étendu par terre, le corps sanglant... déjà mort ? Et tu prétends que j'ai commis ce crime ?... Tu mens... Va-t'en...

— Ne t'emporte pas, Glaucus. Le fait est prouvé. Tu es excusable de ne pas te rappeler un acte commis dans le délire, dont ta raison aurait frémi au seul spectacle. Mais laisse-moi essayer de rafraîchir ta mémoire fatiguée. Tu sais bien que tu marchais à côté du prêtre, vous chamaillant l'un l'autre à propos de sa sœur. Tu sais qu'il était intolérant, à moitié Nazaréen, qu'il cherchait à te convertir ; c'est ainsi que vous en êtes arrivés à vous quereller ; il calomniait ta manière de vivre, et jurait qu'il ne souffrirait pas que sa sœur t'épousât ; alors, dans ta colère et dans ta frénésie, tu lui as porté un coup fatal. Voyons, tu dois te souvenir de cela ?... Lis ce papier... il en contient la déclaration. Signe-le, et tu es sauvé.

— Moi, l'assassin du frère d'Ione !... Moi, que j'avoue avoir enlevé un seul cheveu d'une tête qu'elle aimait !...

— Prends garde ! dit Arbacès d'une voix basse et sifflante. Il n'y a qu'une alternative : ton aveu et ta signature, ou l'amphithéâtre et la dent du lion.

— Tu ne me connais pas ; tu ne connais pas l'âme d'un Athénien ! Je ne crains que le déshonneur, qui est éternel. Quel homme voudrait avilir son nom pour sauver sa vie ? Quel homme échangerait une conscience pour des jours flétris ? Qui voudrait par un mensonge se vouer à la honte et mourir noirci aux yeux de la Renommée et d'Ione ? Si, pour conserver quelques jours d'une vie souillée, un homme avait cette bassesse, ne pense pas,

Égyptien barbare, rencontrer cet homme chez celui qui a foulé le même sol que Harmodis[1], qui a respiré le même air que Socrate[2]... Va-t'en ! Ta présence me répugne. Je t'ai toujours haï ; maintenant je te méprise.

— Soit, je pars, dit Arbacès blessé et exaspéré, mais non sans quelque pitié et quelque admiration pour ma victime. Nous ne nous reverrons plus que deux fois : l'une au tribunal, et l'autre... le jour de ta mort. Adieu ! »

Il se leva lentement, s'enveloppa de son manteau et quitta la chambre. Il vint retrouver un moment Salluste, dont les yeux rougis témoignaient d'une longue veille en compagnie de sa coupe.

« Il n'a toujours pas sa raison, ou il est toujours obstiné, dit-il ; il n'y a plus d'espoir pour lui.

— Il ne faut pas parler ainsi, répliqua Salluste. Un si bon buveur ne peut être condamné. C'est une affaire à régler entre Bacchus et Isis.

— Nous verrons », dit l'Égyptien.

Les barres de fer furent tirées de nouveau et la porte se rouvrit. Arbacès sortit et la pauvre Nydia se releva encore une fois de sa longue attente.

« Le sauverez-vous ? s'écria-t-elle en joignant les mains.

— Enfant, suis-moi ; je veux te parler...

— Mais le sauverez-vous ? »

Aucune réponse ne parvint à l'oreille avide de la jeune

---

1. Ou Harmodios, jeune citoyen d'Athènes qui tua un des tyrans de la ville et fut considéré comme un martyr de la liberté.

2. Philosophe grec (470-399 avant J.-C.).

aveugle. Arbacès s'était déjà avancé dans la rue ; elle suivit ses pas en silence.

En conversant avec Nydia, Arbacès avait appris de son désespoir et de son remords que c'était sa main, et non celle de Julia, qui avait versé à Glaucus le funeste breuvage. Dans un autre moment, l'Égyptien aurait pris un philosophique intérêt à sonder les profondeurs et l'origine de l'étrange et dévorante passion que cette fille singulière avait osé nourrir malgré sa cécité et son état d'esclave ; mais, dans cette circonstance, il ne pensait qu'à lui. Après son aveu, la pauvre Nydia se jeta à ses pieds en le suppliant de rendre la santé au Grec et de lui sauver la vie ; car, dans sa naïveté, elle s'imaginait que le sombre magicien pouvait faire l'un comme l'autre. Arbacès, sans l'écouter, n'en comprit que mieux la nécessité de retenir Nydia prisonnière jusqu'à ce que le procès eût décidé du sort de Glaucus.

« Ma fille, dit-il, tu dois rester ici : il ne te convient pas d'errer dans les rues et d'être foulée aux pieds des esclaves sur le seuil des maisons. J'ai pitié de la faute où l'amour t'a entraînée. Patiente quelques jours, et Glaucus retrouvera la santé. »

Sans attendre sa réponse, il sortit de la chambre, qu'il ferma avec une barre de fer, en donnant l'ordre à l'esclave de veiller sur la prisonnière et de pourvoir à ses besoins.

Seul et plongé dans ses réflexions, il attendit alors les premières lueurs du jour, et, lorsqu'elles parurent, il sortit rendre visite à Ione dans l'intention de faire d'elle aussi sa prisonnière.

Son premier dessein à l'égard de l'infortunée Napolitaine avait été, comme il l'avait franchement avoué à Claudius, d'empêcher qu'elle ne témoignât trop d'intérêt à Glaucus pendant son procès, et qu'elle ne l'accusât lui-même de l'acte de perfidie dont il s'était précédemment rendu coupable envers elle. Ione eût révélé aussi les motifs de vengeance qu'il avait contre Glaucus, et l'hypocrisie de son caractère dévoilée l'aurait immédiatement rendu suspect en tant que premier rival de l'Athénien. Ce ne fut qu'après l'avoir rencontrée le matin et avoir entendu ses dénonciations qu'il comprit qu'il avait couru un autre danger par la suite des soupçons qu'elle avait conçus. Il se flatta de l'idée que tous ces périls étaient écartés, dès l'instant qu'il l'imagina en son pouvoir. Il ajouta plus que jamais foi aux promesses favorables des astres ; et, lorsqu'il alla retrouver Ione dans la chambre la plus reculée de sa mystérieuse maison, lorsqu'il la vit, accablée par tant de coups successifs, passer sans transition de la violence à la stupeur, il songea plus à sa beauté, victorieuse de toutes ces épreuves, qu'aux chagrins qu'il avait attirés sur elle. Cette incorrigible vanité, commune à tous les hommes que la vie a gâtés, le persuadait que Glaucus, une fois mort et son nom solennellement flétri par un jugement légal, perdrait toute estime aux yeux d'Ione, tout droit à sa tendresse, et que lui, Arbacès, pourrait alors la conquérir ! Ce ne sont pas les artifices pour éblouir sa jeune imagination qui lui manqueraient ! Et même s'il devait en aller autrement, il se consolait en se disant qu'il la tenait en son pouvoir.

Quoiqu'il fût insensible à la voix de sa conscience, il éprouvait bel et bien quelque appréhension à l'idée d'être découvert.

L'air léger de la Campanie[1] lui semblait encore trop pesant pour sa poitrine. Maintenant qu'Ione était en sa possession, il résolut en lui-même de la transporter, richesse parmi ses richesses, sur quelque rivage lointain, aussitôt qu'il aurait été témoin de l'agonie de son rival.

« Oui, disait-il, en marchant à grands pas dans sa chambre solitaire, oui, la loi qui me confie la garde de ma pupille[2] m'accorde également sur elle des droits d'époux. Nous traverserons les profondes mers, nous irons à la recherche de nouveaux continents. Là, parmi des nations auxquelles même le nom de Rome est inconnu, je pourrai fonder un empire et répandre les croyances de mes aïeux. Remuant les cendres de l'antique royaume de Thèbes, je perpétuerai, sur des rivages plus étendus, la dynastie de mes ancêtres couronnés, et ferai naître dans le noble cœur d'Ione la plus douce des pensées : celle de partager le sort d'un homme dont le génie aura su reconquérir sa grandeur passée et, loin de la civilisation corrompue des esclaves, unir dans une âme puissante les qualités du prophète et du roi ! »

Sur ce monologue triomphant, Arbacès sortit pour assister au procès de l'Athénien.

Les joues pâles et flétries de sa victime le touchèrent

1. Région où se trouve Pompei.
2. Orphelin mineur pris en charge par une personne ou par l'État.

moins que la fermeté de son âme et sa fière prestance ; car Arbacès était de ceux qui ont peu de pitié pour le malheur, mais qu'une forte sympathie attache aux courageux. Arbacès, si criminel qu'il fût, avait sa part de sentiments humains. S'il avait pu obtenir de Glaucus la confession écrite du crime qu'on lui imputait, confession qui l'aurait perdu aux yeux d'Ione plus que le jugement des autres, et aurait éloigné du vrai coupable tout risque d'être découvert, l'Égyptien eût fait tout au monde pour sauver son rival ; maintenant même sa haine était passée ; son désir de vengeance était apaisé ; il foulait aux pieds sa victime, non comme un ennemi, mais comme un obstacle à son bonheur. Il ne se montra pas moins résolu, pas moins rusé ni moins persévérant dans la volonté de détruire un homme dont la perte était nécessaire à ses desseins. Tandis qu'il ressentait de la pitié envers Glaucus et de la répugnance à témoigner contre lui, il fomentait secrètement, à l'aide des prêtres d'Isis, une indignation populaire assez forte pour empêcher la clémence du sénat. Il avait vu Julia ; il lui avait appris les détails qu'il tenait de Nydia ; il avait facilement, par conséquent, endormi les scrupules de conscience qui auraient pu la conduire à trouver des excuses à Glaucus, en avouant la part qu'elle croyait avoir à son délire ; il y avait d'autant mieux réussi que cette beauté aimait plus la renommée, la prospérité de Glaucus, que Glaucus lui-même ; elle ne ressentait plus d'affection pour un homme tombé dans une telle disgrâce ; elle se réjouissait presque d'un malheur qui humiliait Ione, objet constant de sa haine. Si Glaucus ne pouvait être son esclave, du moins ne serait-il pas l'adorateur de sa rivale. C'était une consolation suffisante pour tous les regrets que son sort pouvait lui inspirer. Légère et inconstante, elle commençait à se sentir flattée de la cour empressée de Claudius ; elle n'était pas femme à risquer une alliance avec ce patricien, vil de caractère, mais illustre par sa naissance, en exposant devant le public sa faiblesse et l'égarement de sa passion pour un autre. Tout souriait à Arbacès ; tout menaçait Glaucus.

Lorsque la Thessalienne s'aperçut qu'Arbacès ne revenait pas auprès d'elle, lorsqu'elle eut été livrée heure par heure à la torture de cette cruelle attente que sa cécité lui rendait encore plus intolérable, elle chercha s'il n'y avait point d'issue à sa prison. Il n'y avait qu'une porte et elle était fermée ; elle se mit alors à pousser des cris avec toute la véhémence d'un caractère naturellement violent, qu'irritaient encore l'angoisse et l'impatience.

« Holà ! jeune fille, dit l'esclave chargé de veiller sur elle, en ouvrant la porte, as-tu donc été mordue par un scorpion ?

— Où est ton maître, et pourquoi suis-je enfermée ici comme dans une cage ? Laisse-moi sortir.

— Hélas ! pauvre petite... ne connais-tu pas assez Arbacès pour savoir que sa volonté vaut un arrêt de l'empereur ? Il a ordonné de te mettre en cage ; tu es en cage, et je suis ton gardien. Il ne faut plus penser au grand air et à la liberté !... Mais tu auras à volonté, ce qui vaut bien mieux... du pain et du vin.

— Ô Jupiter ! s'écria la jeune fille en joignant les

mains, pourquoi suis-je emprisonnée ainsi ? Qu'est-ce que le grand Arbacès peut vouloir d'une pauvre créature comme moi ?

— Je n'en sais rien ; à moins que ce ne soit pour tenir compagnie à ta nouvelle maîtresse, qui a été amenée ici ce matin.

— Quoi ! Ione est ici ?

— Oui, la pauvre dame ; ce n'est pas de son gré, je présume... Ta maîtresse est sa pupille, tu le sais.

— Peux-tu me conduire vers elle ?

— Elle est malade de fureur et de dépit... D'ailleurs, je n'ai pas d'ordres à ce sujet, et je ne prends jamais rien sur moi. Lorsque Arbacès m'a constitué gardien de cette chambre, il m'a dit : "Sosie[1], je n'ai qu'une recommandation à te faire ; tant que tu me serviras, n'aie qu'un seul souci : l'obéissance. C'est la seule qualité que j'exige de toi."

— Mais quel mal y a-t-il à ce que je voie Ione ?

— Je n'en sais rien ; mais si tu as besoin d'un compagnon, je m'entretiendrai avec toi, ma petite, tant que tu voudras, car je suis assez solitaire dans ma chambre. À propos, tu es Thessalienne ; ne connaîtrais-tu pas quelque divertissement agréable, quelque joli tour pour dire la bonne aventure selon l'usage des personnes de ta race ? Cela nous ferait passer le temps.

— Peu m'importe... si tu veux parler, dis-moi ce que tu sais de l'état de Glaucus.

---

1. Personnage de comédie, esclave dont Jupiter prit l'aspect : ici nom d'un esclave.

— Mon maître est sorti pour assister au procès de l'Athénien. Mauvaise affaire pour Glaucus !

— Ah ! oui, dit Nydia en pressant ses mains sur son front ; j'ai entendu parler de quelque chose comme cela, mais je n'y ai rien compris... Qui oserait toucher à un cheveu de sa tête ?

— Mais le lion, j'en ai peur.

— Dieux puissants !

— C'est la vérité ; s'il est déclaré coupable, le lion sera son exécuteur, à moins que ce ne soit le tigre. »

Nydia bondit comme si un trait lui eût percé le cœur ; elle jeta un cri déchirant ; puis, tombant aux pieds de l'esclave, elle cria, d'un ton qui attendrit le cœur de cet homme plein de rudesse :

« Ah ! dis-moi que tu plaisantes... Tu ne peux dire la vérité !... Parle ! Parle !

— Sur ma parole, jeune aveugle, je ne connais rien à la loi... Je peux me tromper. Mais Arbacès l'accuse, et le peuple demande une victime pour l'arène... Calme-toi ; qu'est-ce que le sort du Grec peut avoir de commun avec le tien ?

— Il a été bon pour moi... Le peuple ne saurait être cruel pour lui !... »

Elle laissa retomber sa tête et garda le silence ; des larmes inondèrent ses yeux, et tous les efforts de l'esclave ne purent la consoler ni la distraire de sa profonde rêverie.

Lorsque les soins de ses fonctions forcèrent l'esclave à la quitter, Nydia rassembla ses pensées. Arbacès était l'accusateur de Glaucus ; Arbacès l'avait emprisonnée :

n'était-ce pas la preuve que sa liberté pouvait être utile à Glaucus ?... Elle résolut de tromper son gardien ; et se rappelant tout à coup sa requête à propos de l'art thessalien qu'il lui supposait, elle espéra trouver dans ce prétexte quelque moyen de fuite. Tout le reste du jour, et pendant les longues heures de la nuit, elle médita sur ce sujet ; et le lendemain matin lorsque Sosie vint la visiter, elle se hâta de faire prendre à la conversation un cours où l'esclave ne paraissait pas mieux demander que de la suivre.

Elle ne se dissimula pas que la seule chance qu'elle eut de s'échapper devait coïncider avec la nuit, et, quoiqu'il lui en coûtât, résolut de différer son entreprise.

« La nuit, expliqua-t-elle à l'esclave, est le seul moment où nous puissions déchiffrer les secrets du destin ; c'est alors que tu dois venir me trouver... Mais que désires-tu connaître ?

— Par Pollux ! je voudrais être aussi savant que mon maître ; mais c'est un vœu trop ambitieux. Que je sache au moins si je gagnerai assez pour acheter ma liberté, ou si cet Égyptien me la donnera pour rien. Il fait parfois de ces générosités-là. Puis, au cas où cela arriverait, serai-je un jour le patron de cette jolie petite boutique de parfumerie que j'ai toujours devant les yeux ?

— Ce sont là des questions auxquelles tu voudrais avoir des réponses précises ? Il y a plusieurs manières de te satisfaire ; d'abord la lithomancie ou divination sur la pierre parlante, qui répond à nos demandes avec une voix d'enfant ; mais nous n'avons pas ici cette précieuse pierre, très coûteuse et très rare... Il y a ensuite la gastromancie[1], mais cet art réclame quant à lui des vases d'une forme particulière, pour contenir le liquide consacré, et nous ne les avons pas. Je pense que le meilleur moyen de satisfaire ton désir serait la magie de l'air.

— J'espère, dit Sosie un peu effaré, qu'il n'y a rien d'effrayant dans cette opération ; je n'apprécie pas beaucoup les apparitions.

— N'aie pas peur, tu ne verras rien. C'est par le bouillonnement de l'eau que tu sauras si ta demande t'est accordée. Prends soin seulement de laisser la porte du jardin entrouverte, quand se lèvera l'étoile du soir, afin que le démon se trouve invité à entrer ; place de l'eau et des fruits près de la porte en signe d'hospitalité ; puis, trois heures après le crépuscule, viens me voir avec une coupe remplie de l'eau la plus froide et la plus pure que tu pourras te procurer, et l'art thessalien que ma mère m'a appris s'exercera en ta faveur. N'oublie pas la porte du jardin ; tout est là. Elle doit être ouverte quand tu viendras, et même trois heures auparavant.

— Sois tranquille, reprit Sosie sans le moindre soupçon ; je sais tout le dépit qu'éprouve un homme distingué lorsqu'on lui ferme la porte au nez ; cela m'est arrivé parfois chez le traiteur ; et je sais aussi qu'une personne aussi respectable que le démon ne peut qu'être flattée par une aussi courtoise hospitalité. En attendant, voici ton repas du matin.

— Et le procès ? s'inquiéta-t-elle.

---

1. Magicien interrogeant la nourriture ou les liquides pour connaître l'avenir.

— Ah ! les avocats parlent toujours... Ils parlent, ils parlent... Cela ne finira que demain matin.

— Et Ione ?

— Par Bacchus ! elle ne doit pas aller trop mal : elle a été assez forte pour faire enrager mon maître, qui en frappait du pied et se mordait les lèvres. Je l'ai vu quitter son appartement : il était aussi sombre qu'un ouragan.

— Loge-t-elle près d'ici ?

— Non... elle loge dans les appartements supérieurs... Mais je ne dois pas rester à bavarder ici plus longtemps. Adieu. »

La seconde nuit du procès avait commencé, et, à l'heure précise où Sosie s'apprêtait à braver le grand inconnu, quelqu'un entra par la porte du jardin que l'esclave avait laissée entrouverte. Il ne s'agissait pas d'un de ces mystérieux esprits de la terre ou de l'air, mais, plus prosaïquement, du pesant Calénus, prêtre d'Isis. Il ne fit pas grand cas de l'humble offrande de fruits médiocres et de vin plus médiocre encore que le pieux Sosie avait jugée suffisante pour l'invisible étranger qu'il s'agissait d'attirer.

« C'est sans doute, se dit-il, quelque tribut offert au dieu des jardins. Par la tête de mon père ! si cette divinité n'a jamais été mieux servie, elle ferait bien de renoncer à sa céleste profession. Oh ! si nous n'étions pas là, nous autres prêtres, les dieux ne seraient pas tous bien traités. Cherchons toujours Arbacès. Je sais que je marche au-dessus d'un abîme ; mais il peut se changer en mine d'or. Je tiens la vie de l'Égyptien en mon pouvoir ; que m'en donnera-t-il ? »

Pendant ce monologue, il traversa la cour et entra dans le péristyle, où quelques lampes disputaient çà et là, aux étoiles, l'empire de la nuit. Il se trouva en présence d'Arbacès qui sortait d'une chambre attenante à la colonnade.

« Ah ! Calénus, dit l'Égyptien, me cherchez-vous ? » Et sa voix trahit quelque embarras.

« Oui, sage Arbacès. Je pense que ma visite n'est pas hors de propos ?

— Tout à l'heure mon affranchi a éternué très fort, et je me suis dit que c'était bon signe : quelque heureuse chance allait m'arriver...

— Si nous passions dans votre chambre, Arbacès ?

— Comme vous voudrez ; mais la nuit est parfaitement sereine ; je me sens un peu las, et l'air me fait du bien... Faisons un tour dans le jardin ; nous y serons tout aussi seuls. »

Ils se dirigèrent vers une des terrasses qui, bordées de vases de marbre et de fleurs assoupies, interrompaient çà et là le jardin.

« Quelle délicieuse nuit ! dit Arbacès ; bleue et magnifique, comme celle où, il y a vingt ans, j'abordai pour la première fois sur les rivages de l'Italie. Mon cher Calénus, l'âge nous pousse ; rappelons-nous du moins que nous avons vécu.

— En ce qui vous concerne, vous pouvez en effet vous en vanter », dit Calénus, qui cherchait une occasion de communiquer le secret qui commençait à lui peser. La crainte respectueuse que lui inspirait Arbacès était encore augmentée par son ton calme et la familiarité pleine de noblesse de ses propos. « Oui, vous pouvez vous en vanter ; vous possédez des richesses immenses, une constitution qui ne craint guère la maladie ; vous avez à votre disposition toutes les fantaisies du plaisir, et, à l'instant même, les joies de la vengeance.

— Vous faites allusion à l'Athénien ? Le jour qui vient le verra condamné. Le sénat ne s'attendrit pas... Mais vous vous trompez. La perte de Glaucus ne me cause pas d'autre satisfaction que de me délivrer d'un rival. Je n'ai aucun sentiment d'animosité contre ce malheureux criminel.

— Criminel ? » reprit Calénus, lentement et avec intention ; et, s'interrompant, il fixa ses yeux sur Arbacès. Les étoiles illuminaient la figure pâle, quoique tranquille, de leur prophète ; aucune altération n'y parut ; les yeux de Calénus désappointé se baissèrent. Il continua rapidement : « Que vous l'accusiez, à la bonne heure, mais personne ne peut savoir mieux que vous qu'il est innocent.

— Expliquez-vous, dit Arbacès froidement.

— Arbacès, répondit Calénus d'une voix à peine distincte, j'étais dans le bosquet sacré, caché par la chapelle et par le feuillage des arbres ; j'ai vu, j'ai entendu tout ce qui s'est passé ! Je ne blâme point l'action ; elle a détruit un ennemi, un traître...

— Vous savez tout ? reprit Arbacès sans s'émouvoir ; je le pensais ; vous étiez seul ?

— Seul, répliqua Calénus, surpris de la tranquillité de l'Égyptien.

— Et pourquoi vous étiez-vous caché derrière le temple à cette heure ?

— Parce que j'avais appris la conversion d'Apœcides à la foi chrétienne... parce que je savais qu'il devait rencontrer dans ce lieu le farouche Olynthus... parce qu'ils se proposaient de discuter ensemble les moyens de dévoiler au peuple les mystères sacrés de notre déesse, et que j'avais intérêt à découvrir leurs projets afin de les combattre.

— Avez-vous révélé à qui que ce soit ce que vous avez vu ?

— Non, mon maître ; votre serviteur sait garder un secret.

— Mais pourquoi m'avoir caché jusqu'à maintenant ce que vous saviez ? Pourquoi avoir attendu la veille de la condamnation de l'Athénien pour oser dire en face à Arbacès qu'il est un meurtrier ?

— Parce que, parce que..., murmura Calénus, le visage rouge de confusion.

— Parce que, interrompit Arbacès en souriant et en donnant une petite tape amicale sur l'épaule du prêtre, parce que, Calénus – vous allez voir comme je sais lire dans votre cœur et en démêler les pensées –, parce que vous vouliez me laisser m'engager dans le procès de manière irréversible ; vous attendiez le moment où j'aurais suffisamment excité la soif du sang dans la populace pour que ni mes richesses ni ma réputation ne pussent m'empêcher de devenir sa victime ; vous me faites cette révélation maintenant, avant que le procès soit terminé et que l'ennemi soit condamné, pour me faire bien comprendre qu'un seul mot de vous, demain, pourrait renverser le projet le mieux combiné ; vous prétendez renchérir le prix de votre silence dans ce fatal moment ; vous tenez à me montrer que les artifices dont je me suis servi pour éveiller la colère du peuple retomberaient sur moi, et que les dents du lion sont toutes disposées à me dévorer à la place de Glaucus. N'est-ce pas ?

— Arbacès, reprit Calénus, vous lisez dans le cœur comme sur un papyrus.

— C'est ma vocation, reprit l'Égyptien en riant. Eh bien, gardez-moi le secret ; quand tout sera terminé, je vous enrichirai.

— Pardonnez-moi, dit le prêtre dont la rapacité ne se contentait pas de promesses, pardonnez-moi, vous avez raison, nous nous connaissons l'un et l'autre. Si vous voulez que je garde le silence, donnez-moi d'abord quelques arrhes, comme une offrande à Harpocrate[1]. Pour que la rose, doux emblème de la discrétion, prenne de vigoureuses racines, il faut que vous l'arrosiez dès ce soir d'un flot d'or.

— Comme c'est bien dit ! » remarqua Arbacès d'une voix toujours douce et encourageante, qui aurait dû alarmer davantage son avide compagnon. « Ne pouvez-vous attendre jusqu'à demain ?

— Pourquoi ce délai ? Qui me dit qu'une fois l'innocent condamné, lorsque je ne pourrai plus sans honte

1. Dieu enfant égyptien.

témoigner en sa faveur, qui me dit qu'alors vous ne négligerez pas ma demande ? Votre hésitation, à cette heure, n'est pas de bon augure pour l'avenir.

— À quel prix estimez-vous votre silence ?

— Votre vie est fort précieuse, et votre fortune considérable.

— De mieux en mieux ! Que de sagesse et d'esprit !... Mais parlons clairement. Quelle somme demandez-vous ?

— Arbacès, j'ai entendu dire que dans votre trésor secret, sous les voûtes qui soutiennent votre superbe demeure, vous conservez des piles d'or, de vases et de joyaux, qui auraient pu rivaliser avec les richesses enfouies par le divin Néron : vous pouvez aisément puiser dans ces réserves de quoi faire de Calénus le plus opulent des prêtres de Pompéi, sans vous apercevoir même de votre sacrifice.

— Venez donc, Calénus, reprit Arbacès d'un air franc et généreux. Vous êtes un ancien ami : vous avez été un fidèle serviteur ; vous ne pouvez avoir le désir de m'ôter la vie, ni moi celui de vous marchander la récompense qui vous est due ; votre vue sera réjouie de l'aspect de cet or infini et de l'éclat de ces bijoux, et vous emporterez, cette nuit même, comme marque de ma gratitude, tout ce que vous pourrez cacher sous votre robe. Quand vous aurez contemplé la richesse de votre ami, vous comprendrez que ce serait folie de faire injure à un homme qui peut tant donner. Après l'exécution de Glaucus, je vous conduirai de nouveau à mon trésor. N'est-ce pas parler franchement et en ami ?

— Ô le plus grand, le meilleur des hommes ! s'écria Calénus, pourrez-vous oublier jamais les doutes que j'avais eus sur votre sens de la justice, sur votre générosité ?

— N'en parlons plus et faisons encore un tour de jardin, avant de descendre sous les voûtes. »

Pendant ce temps, Nydia attendait avec impatience l'arrivée de Sosie, non moins impatient qu'elle. Après avoir fortifié son courage par d'abondantes libations[1], le crédule esclave entra dans la chambre de la jeune aveugle.

« Eh bien, Sosie, es-tu prêt ? As-tu apporté le vase d'eau pure ?

— Assurément, mais je tremble un peu. Tu es bien sûre que je ne verrai pas le démon ?

— Ne crains rien. As-tu laissé la porte du jardin entrouverte ?

— Oui, et j'ai placé auprès d'elle des noix, des pommes, et une petite table.

— Maintenant, ouvre aussi à demi la porte de cette chambre, et donne-moi la lampe.

— Est-ce que tu as l'intention de l'éteindre ?

— Non ; mais il faut que je prononce mon charme au-dessus de la flamme... Il y a un esprit dans le feu. Assieds-toi. »

L'esclave obéit ; et Nydia, après s'être penchée quelques instants sur la lampe, se leva et psalmodia à

1. Sacrifices d'un liquide versé en l'honneur d'un dieu.

voix basse une invocation au Spectre de l'Air tirée de la magie thessalienne.

« Le spectre ne tardera pas à venir, dit Sosie, je le sens déjà dans mes cheveux.

— Place ta coupe d'eau à terre. Donne-moi maintenant la serviette, pour que je te bande les yeux.

— Oh ! c'est toujours ainsi dans les enchantements ! Ne serre pas si fort.. s'il te plaît !

— C'est fait. Peux-tu voir ?

— Voir ?... Par Jupiter, non : c'est l'obscurité complète.

— Adresse à présent au spectre les questions que tu veux lui faire, à voix basse, et trois fois de suite. S'il répond affirmativement à tes questions, tu entendras l'eau bouillonner sous le souffle du démon ; si ta demande ne doit pas s'accomplir, l'eau restera silencieuse.

— Mais tu ne remueras pas l'eau toi-même, hein ?

— Je vais placer la coupe à tes pieds ; tu pourras être sûr que je ne la touche pas.

— Bon... Maintenant, Bacchus, sois-moi propice. Tu sais que je t'ai toujours donné la préférence sur les autres dieux, et, si tu consens à me protéger contre ce démon aquatique, je te consacrerai la coupe d'argent que j'ai dérobée l'année dernière au gros maître d'hôtel. Et toi, Esprit, écoute-moi. Pourrai-je acheter ma liberté l'an prochain ? Tu le sais ; tu sais que, depuis trois ans, j'ai dérobé tout ce que j'ai pu honnêtement, c'est-à-dire sûrement ; cependant, il me manque encore deux mille sesterces pour compléter la somme. Me sera-t-il permis, bon Esprit, de combler ce déficit dans le cours de l'année ? Parle !... Ah ? l'eau bouillonne... Non, tout est calme comme la tombe... Eh bien, si ce n'est pas dans l'année, est-ce que ce sera dans deux ans ?... J'entends quelque chose ; le démon gratte à la porte... il doit être entré. Dans deux ans, mon bon ami ; deux ans, n'est-ce pas un temps fort raisonnable ?... Rien toujours. Toujours le silence !... Deux ans et demi... trois, quatre ans ?... Ah ! que Pluton t'emporte ! Je ne te demanderai plus rien. »

Et Sosie, dans sa rage, renversa l'eau sur ses jambes ; puis, après beaucoup de peine et plus encore de malédictions, il parvint enfin à débarrasser sa tête de la serviette qui l'entourait, regarda autour de lui, et s'aperçut qu'il était dans l'obscurité.

« Qu'est-ce que c'est, Nydia ? La lampe est éteinte ! Ah traîtresse ! tu n'es pas là !... »

L'esclave tâtonna pour chercher la porte, elle était barrée du dehors ; il était prisonnier à la place de Nydia. Que pouvait-il faire ? Il n'osait pas frapper, ni appeler, de peur qu'Arbacès ne l'entendît et ne découvrît la sottise avec laquelle il s'était laissé tromper ; Nydia d'ailleurs, pendant ce temps, avait déjà gagné probablement la porte du jardin et s'était échappée.

« Mais, pensa-t-il, elle sera rentrée chez elle, ou elle sera du moins quelque part dans la cité ! Demain, au point du jour, lorsque les esclaves travailleront dans le péristyle, je sortirai et je la chercherai. Je la retrouverai certainement, et je la ramènerai avant qu'Arbacès sache un mot de tout ceci. »

Pendant que Sosie, pris ainsi dans le piège, se lamentait sur son sort, la jeune aveugle mettait son agilité habituelle à se faufiler le long du péristyle, à se glisser dans le passage qui conduisait au jardin, et, toute palpitante, à se diriger vers la porte... C'est alors qu'elle entendit un bruit de pas et distingua la terrible voix d'Arbacès ; elle s'arrêta un moment dans l'incertitude et dans l'effroi ; il lui revint à la mémoire l'existence d'un autre passage qui, contournant le soubassement de ce vaste édifice, ramenait également dans le jardin ; il était ouvert par hasard, elle se hâta donc de retourner sur ses pas, descendit à droite les étroits escaliers, et arriva promptement à l'entrée du corridor. Hélas ! la porte de communication était fermée à clef. Mais derrière elle Nydia entendit soudain la voix de Calénus, et un moment après celle d'Arbacès qui lui répondait. Elle ne pouvait demeurer là où ils allaient sans doute passer ; elle s'élança en avant et se trouva dans un endroit qui lui était inconnu. L'air devenait froid et humide, ce qui la rassura. Elle pensa qu'elle pourrait bien être dans les caves de cette superbe demeure, et pourtant son oreille si fine distingua bientôt de nouveau les pas et les voix. Elle se remit à marcher, en étendant les bras, et rencontra des piliers d'une forme massive ; à mesure qu'elle avançait, l'air devenait de plus en plus humide ; elle s'arrêtait par moments pour reprendre haleine, et, à chaque fois, elle entendait de nouveau le bruit des pas et le vague murmure des voix. Enfin, elle arriva à un mur qui paraissait mettre un terme à sa course. Comment trouver un endroit pour se cacher ? Aucune issue, pas la moindre cavité. Elle s'arrêta et se tordit les mains de désespoir ; puis, mise hors d'elle par le rapide rapprochement des voix, elle courut tout le long du mur, et se heurtant avec violence contre un des arcs-boutants qui s'étendait en avant, tomba à terre. Quoique sa chute l'eût mise à mal, elle ne perdit pas ses esprits ; elle ne poussa pas un cri ; loin de là, elle se félicita d'un accident qui l'avait peut-être jetée dans un endroit où elle se trouvait hors de vue. Se retirant le plus qu'elle pouvait dans l'angle formé par l'arc-boutant, en sorte que, d'un côté du moins, elle ne pouvait être aperçue, elle se pelotonna dans le plus petit espace possible, et attendit son destin sans respirer.

Arbacès et le prêtre continuaient leur route vers cette chambre secrète dont les trésors avaient été tant vantés par l'Égyptien. Ils se trouvaient dans un vaste atrium[1] souterrain ; le toit, assez bas, était soutenu par des colonnes trapues. L'unique lampe que portait Arbacès ne projetait qu'une faible lumière sur les murs grossiers et nus, composés de larges blocs de pierre ajustés sans ciment les uns aux autres.

Calénus jeta les yeux autour de lui et frissonna en respirant cet air humide et malsain.

« Eh bien ! dit Arbacès avec un sourire, en s'apercevant de ce frisson, ce sont de ces grossiers caveaux que provient tout le luxe des salles supérieures.

— Et où conduit cette galerie à gauche ? demanda Calénus. Dans sa profonde obscurité, elle paraît sans limite, comme si elle menait aux Enfers[2].

---

1. Cour à ciel ouvert à l'entrée de la maison romaine.
2. Lieu où séjournaient les morts qui avaient péché.

— Au contraire, elle conduit à la lumière, répondit négligemment Arbacès. Quant à nous, notre chemin est à droite. »

Les deux hommes dirigèrent leurs pas de ce côté.

« Le joyeux Glaucus habitera demain un appartement qui ne sera pas moins humide, mais nettement moins spacieux..., dit Calénus, au moment où ils passaient devant l'endroit où la Thessalienne était blottie sous la protection du large arc-boutant.

— Oui, mais en revanche, le jour suivant, il jouira dans l'arène d'un espace assez considérable et plutôt sec ! Et, continua l'Égyptien d'un ton délibérément posé, quand on pense qu'un seul mot de Calénus pourrait le sauver et mettre Arbacès à sa place !

— Ce mot ne sera jamais dit, répliqua Calénus.

— C'est juste, mon cher Calénus, il ne sera jamais dit !... Mais nous voici devant la porte... »

La lumière tremblante de la lampe laissa voir dans ce mur sombre et grossier une petite porte, profondément enfoncée et garnie de fortes bandes et de plaques de fer. Arbacès tira de sa ceinture un petit anneau qui retenait trois ou quatre clefs courtes, mais solides. Le cœur de l'avide Calénus battit avec violence lorsqu'il entendit crier la serrure rouillée, comme si elle ne livrait qu'à regret la vue des trésors confiés à sa garde.

« Entre, mon ami, dit Arbacès, pendant que j'élève la lampe, afin que tu puisses contempler à ton aise toutes ces montagnes d'or. »

L'impatient Calénus le précéda dans l'ouverture.

À peine avait-il passé le seuil que la forte main d'Arbacès le poussa en avant.

« Le mot ne sera jamais dit », s'écria l'Égyptien avec un long éclat de rire, et il referma la porte sur le prêtre.

Calénus avait été précipité au bas de plusieurs marches ; mais au premier moment, il ne sentit pas la douleur de sa chute ; il s'élança vers la porte, et la frappant violemment avec ses poings fermés, s'écria d'une voix plus semblable au hurlement d'une bête fauve qu'à une voix humaine :

« Ouvrez, Arbacès, ouvrez, et gardez votre or !

— Tout l'or de la Dalmatie[1] ne te procurera pas une croûte de pain : meurs de faim, misérable, tes derniers soupirs ne réveilleront pas même l'écho de ces vastes salles ; et les murs qui t'emprisonnent ne révéleront jamais que l'homme qui a menacé et qui pouvait perdre Arbacès est mort de faim, rongeant, dans son désespoir, la propre chair de ses os !

— Pitié ! pitié ! »

Le reste de cette supplication n'arriva pas à l'oreille d'Arbacès, qui s'en retournait à travers les ténèbres.

Les paroles de terreur qui avaient frappé les oreilles de Nydia étaient pour elle porteuses de tous les espoirs. Demain, Glaucus devait être condamné ; mais il existait encore un homme qui pouvait le sauver et mettre Arbacès à sa place, et cet homme respirait à quelques pas du lieu où elle était cachée. Même indistincts, c'étaient ses

1. Une des provinces orientales de l'Empire romain.

cris et ses plaintes, ses imprécations et ses prières qu'elle entendait. Il était captif, mais elle savait tout ; si elle parvenait à s'échapper, si elle allait trouver le préteur, on pourrait le rendre à la liberté et sauver l'Athénien. Ses émotions l'empêchaient presque de respirer, sa tête brûlait ; elle se sentait défaillir, mais un violent effort la rendit maîtresse d'elle-même ; et, après avoir écouté décroître les pas d'Arbacès, bien convaincue d'être seule, elle se traîna, se guidant au son de la voix de Calénus, jusqu'à la porte du caveau où il était enfermé. Là, elle put entendre dans toute leur violence ses accents de terreur et de désespoir. Trois fois elle essaya de parler, et trois fois sa voix manqua de force pour pénétrer à travers la porte massive. Enfin, trouvant la serrure, elle y appliqua ses lèvres, et le prisonnier entendit distinctement une douce voix prononcer son nom.

« Qui est là ? cria-t-il, soudain alerté par une crainte nouvelle, quel spectre, quelle larve appelle déjà le malheureux Calénus ?

— Prêtre, dit la Thessalienne, grâce aux dieux, j'ai été à son insu témoin de la perfidie d'Arbacès. Si je puis échapper moi-même de ses mains, je te sauverai. Mais tu dois d'abord répondre à mes questions.

— Ah ! esprit du ciel, dit le prêtre avec joie, en obéissant aux injonctions de Nydia, sauve-moi, et j'irai, s'il le faut, jusqu'à vendre les coupes de l'autel pour récompenser ta bonté.

— Je n'ai pas besoin d'or, je n'ai besoin que de ton secret. Ai-je bien entendu ? Peux-tu sauver l'Athénien Glaucus de l'accusation qui menace ses jours ?

— Je le puis, je le puis... C'est pour cela qu'il m'a enfermé ici, dans l'intention de m'y faire mourir !

— On accuse l'Athénien de meurtre ; peux-tu repousser cette accusation ?

— Que je sois libre, et il n'y aura à Pompéi pas une tête mieux gardée que la sienne ; j'ai été témoin du meurtre ; j'ai vu Arbacès porter le coup ; je puis confondre le véritable meurtrier et faire acquitter l'innocent. Mais si je péris, il périt aussi. Si tu t'intéresses à ce jeune homme, ô douce étrangère, sache que mon cœur est l'urne où repose sa vie ou sa mort.

— Et tu donneras tous les détails qui sont à ta connaissance ?

— Oh ! quand les enfers seraient à mes pieds, oui !... Vengeance contre le perfide Égyptien !

— C'est assez, dit-elle ; j'espère que les dieux qui m'ont conduite ici ne m'abandonneront pas. Attends-moi avec patience et prends courage. »

Elle s'éloigna doucement, longeant les piliers à tâtons, jusqu'à ce qu'elle eût gagné l'entrée du corridor qui conduisait à l'air libre. Mais, là, elle s'arrêta ; il était plus prudent d'attendre que toute la maison, à l'approche du matin, fût endormie dans un profond sommeil ; elle se coucha de nouveau à terre, et compta les secondes. La joie était le sentiment qui dominait dans son cœur agité. Glaucus courait un grand danger, mais elle le sauverait.

Lorsque Arbacès eut réchauffé ses veines glacées par quelques coupes d'un vin épicé, il se sentit le cœur triomphant et plein de joie. Il y a, pour tout succès ingénieusement obtenu, une satisfaction orgueilleuse, même lorsque le but est criminel. Ce n'est qu'après que le remords se fait sentir.

Mais le remords n'était pas un sentiment que le destin du misérable Calénus fût capable d'inspirer à Arbacès. Il bannit de son souvenir la pensée de l'agonie du prêtre et de sa mort cruelle. Un affreux danger était passé pour lui, un ennemi se trouvait réduit au silence ; il ne lui restait plus qu'à expliquer la disparition de Calénus au corps des prêtres, et cela ne lui semblait pas bien difficile. Calénus avait été employé par lui à diverses missions dans les villes voisines. Il affirmerait qu'il l'avait envoyé porter aux autels d'Isis, à Herculanum et à Naples, des offrandes pour apaiser la déesse irritée du meurtre récent d'Apœcides. Calénus mort, son corps pourrait être jeté, avant le départ de l'Égyptien, dans le courant profond du Sarnus : et, s'il venait à être découvert, le soupçon tomberait sans doute sur les Nazaréens incroyants qui seraient censés avoir vengé sur lui la mort d'Olynthus aux arènes. Ces plans combinés pour sa sûreté personnelle, Arbacès éloigna tout souvenir de l'infortuné prêtre, et tourna ses pensées du côté d'Ione. La dernière fois qu'il l'avait vue, elle l'avait chassé par des reproches et un amer mépris qu'il lui était impossible de supporter. Mais désormais il se trouvait assez sûr de lui-même pour tenter une nouvelle entrevue ; il se dirigea donc vers la chambre de la Napolitaine. Apprenant qu'elle était plus calme que jamais, il se hasarda à paraître devant elle. Il trouva sa belle pupille dans l'attitude de la méditation. Cependant sa physionomie n'était pas animée comme à l'ordinaire par cette lumineuse expression d'intelligence qui la faisait ressembler à Psyché ; ses lèvres étaient entrouvertes, ses regards vagues et incertains, et ses longs cheveux noirs, tombant négligemment sur son cou, ajoutaient à la pâleur de ses joues.

Arbacès la contempla un moment avant de s'avancer. Elle leva les yeux, et, lorsqu'elle reconnut son visiteur, elle les détourna avec une expression de douleur, mais elle ne bougea pas.

« Ah ! dit Arbacès à voix basse, tu me juges mal, Ione ; mais je supporterai l'injure que tu me fais sans murmurer, pourvu que tu me laisses te voir quelquefois. Accable-moi de ton mépris, si tu le veux ; je m'efforcerai de le supporter. Les plus amères paroles de ta bouche me sont plus douces encore que le son du luth le plus harmonieux. Dans ton silence, le monde semble pour moi s'arrêter. Il n'y a plus ni terre ni vie, sans la lumière de ton visage et la mélodie de ta voix.

— Rends-moi mon frère et mon fiancé ! dit Ione calmement mais sur le ton de la prière, et quelques larmes glissèrent le long de ses joues.

— Plût aux dieux que je puisse te rendre l'un et sauver l'autre ! soupira Arbacès avec une apparente émotion. Ione, pour te voir heureuse, je renoncerais à mon amour et je joindrais ta main à celle de l'Athénien. Peut-être sortira-t-il triomphant du procès – Arbacès avait tout fait pour qu'elle ignorât que le procès était déjà bien entamé. S'il en est ainsi, tu es libre de le juger et de le condamner toi-même et ne pense plus, Ione, que je veuille te prier plus longtemps de m'aimer. Je reconnais que mon espoir est vain. Laisse-moi seulement pleurer avec toi. Laisse-moi redevenir ce que j'étais pour toi, un ami, un père, Ione, accorde-moi ton pardon !

— Je vous pardonne ; sauvez Glaucus, et je renoncerai à lui. Arbacès, vous êtes puissant dans le bien comme dans le mal ; sauvez l'Athénien, et la pauvre Ione ne le verra plus. »

À ces mots, elle se leva, faible et tremblante, tomba à ses genoux et les embrassa.

« Si tu m'aimes réellement, si tu es humain, souviens-toi des cendres de mon père ; souviens-toi de mon enfance, songe à ces heures que nous avons passées ensemble, et sauve mon Glaucus. »

D'étranges convulsions agitèrent tout le corps de l'Égyptien ; ses traits eux-mêmes trahissaient son trouble ; il détourna sa figure et répondit d'une voix creuse :

« Si je pouvais encore le sauver, je le ferais ; mais les lois romaines sont très sévères ; cependant, si je réussissais, si je le rendais à la liberté, m'accepterais-tu pour époux ?

— Moi, ton épouse !... Le sang de mon frère n'est pas vengé ! Ton épouse, jamais !

— Ione, pourquoi unis-tu mon nom à la pensée de la mort de ton frère ?

— Mes songes unissent ces deux choses, et les songes viennent des dieux.

— Vaines fantaisies ! C'est pour des songes que tu fais tort à un innocent, et que tu risques ta seule chance de sauver Glaucus !

— Écoute, dit Ione, si Glaucus est sauvé par toi, je jure de n'entrer jamais dans sa maison comme épouse. Mais je ne puis surmonter l'horreur que m'inspireraient d'autres noces. Si Glaucus meurt, ces mains, nues et sans armes, déchireront les liens qui m'attachent à la vie. Enchaîne-les, et ce seront alors mes lèvres et mes narines qui se refuseront à respirer ! Si Glaucus périt, je n'aurai pas l'indignité de lui survivre... Par tous les dieux du ciel, de l'Océan et de la terre, j'en appellerai à la mort ! »

Son visage et sa voix remplirent de respect et d'effroi celui qui l'écoutait.

« Noble cœur ! dit-il après un court silence ; tu es vraiment digne d'être à moi. Pourquoi faut-il que j'aie cherché si longtemps celle qui devait partager mes destinées, et que je ne l'aie trouvée qu'en toi ? Je te salue comme mon épouse. Nous traverserons l'Océan ; nous y trouverons notre royaume, et les âges futurs les plus lointains connaîtront une longue race de rois nés du mariage d'Arbacès et d'Ione.

— Tu délires. Tes déclamations conviendraient mieux à quelque vieille paralytique vendant des philtres[1] sur la place du marché qu'au sage Arbacès. Tu as entendu ma résolution ; elle est aussi irrévocable que les destinées. Répare, Arbacès, répare le passé. Change la haine en respect, la vengeance en gratitude ; épargne un homme qui ne sera jamais ton rival. Ce sont là des actes dignes de ta nature profonde, celle qui déjà a su montrer des étincelles de noblesse et de grandeur.

---

1. Breuvages magiques pour inspirer l'amour.

— C'est assez, Ione. Tout ce que je pourrai faire pour Glaucus, je le ferai. Mais si j'échoue, ne m'en fais pas porter la peine. »

Sans attendre de réponse, Arbacès sortit précipitamment, effrayé peut-être de subir plus longtemps les prières passionnées d'Ione, qui excitaient autant sa compassion que sa jalousie.

Pendant que ses esclaves lui ôtaient sa robe, il pensa à Nydia. Il comprit qu'il était nécessaire qu'Ione ignorât l'égarement qui s'était emparé de Glaucus, afin qu'elle n'eût aucun motif d'excuser le crime qui lui était imputé ; il était possible que son esclave l'eût informée que Nydia était sous le même toit qu'elle, et qu'elle demandât à la voir. Il fallait aviser ; il appela un de ses affranchis :

« Callias, va trouver Sosie, et dis-lui que, sous aucun prétexte, il ne permette que l'esclave aveugle quitte sa chambre. »

L'affranchi se hâta de partir à la recherche du vaillant Sosie. Il ne le trouva pas dans la petite cellule qui lui servait de chambre à coucher ; il l'appela à haute voix et l'entendit répondre de la chambre de Nydia, où il était enfermé :

« Callias, est-ce vous que j'entends ? Que les dieux soient bénis ! Ouvrez-moi la porte, je vous en prie. »

Callias ôta la barre et vit devant lui la triste figure de Sosie.

« Que fais-tu donc ici, dans la chambre de Nydia ?

— Ne me parle pas de cette petite sorcière ; elle causera ma perte ! » Et il conta à Callias l'histoire du démon de l'air et la fuite de la Thessalienne.

« Malheureux Sosie ! Je viens justement de la part d'Arbacès avec un message pour t'annoncer que tu ne dois pas, même pour un moment, la laisser sortir de sa chambre.

— Pauvre de moi ! Que puis-je faire ? Elle a eu le temps de visiter la moitié de Pompéi. Mais demain j'essaierai de la rattraper. Garde-moi seulement le secret, mon cher Callias.

— Par amitié pour toi, je ferai tout ce qui me sera possible sans trop de risques pour moi-même. Mais es-tu sûr qu'elle ait quitté la maison ? Elle peut y être cachée.

— Impossible. Comme tu le sais, la porte du jardin était ouverte ! Elle l'aura franchie aisément.

— Peut-être pas : car, à l'heure dont tu parles, Arbacès était dans le jardin avec le prêtre Calénus. Je suis allé chercher quelques herbes pour le bain que mon maître doit prendre demain matin. J'ai vu la table que tu avais mise, mais la porte était close, j'en suis sûr : Calénus est entré dans le jardin ; il aura refermé derrière lui.

— Mais pas à clef.

— Si. La clef, la voilà, à ma ceinture. C'est moi qui l'ai tournée et emportée ! J'avais peur pour les bronzes du péristyle ; avec tous ces voleurs...

— Ô généreux Bacchus, je ne t'ai pas adressé une vaine prière. Ne perdons pas un moment. Parcourons le jardin sur-le-champ ; elle doit y être encore. »

Callias, d'un bon naturel, consentit à suivre l'esclave, et, après maintes recherches dans toutes les chambres voisines et dans tous les coins du péristyle, ils entrèrent dans le jardin.

C'était à peu près le moment où Nydia s'était décidée à quitter sa cachette et à chercher son chemin. Légère et tremblante, retenant sa respiration, elle arriva à la porte fatale, qu'elle trouva effectivement fermée. Ses petites mains tremblantes parcouraient dans tous les sens l'infranchissable obstacle.

Riant de ses efforts, les deux hommes la guettaient.

« Silence, Callias ! murmura Sosie.

— Par Jupiter ! elle a de la persévérance... Si tu veux un conseil, Sosie, n'attends pas plus longtemps. Empare-toi d'elle avant qu'elle sorte du jardin...

— Ah ! fugitive ! Je te tiens ! » s'écria l'esclave en saisissant la malheureuse Nydia qui, sous l'étreinte de son geôlier, jeta un cri désespéré.

« Dieux ! elle va réveiller la maison. Arbacès a le sommeil si léger ! Bâillonne-la, dit Callias.

— Ah ! voici justement la serviette avec laquelle cette jeune sorcière m'a privé de la vue et de la raison. Chacun son tour. »

Puis, l'ayant bâillonnée, Sosie s'empara de ce léger fardeau et l'entraîna vers la maison.

La troisième et dernière journée du procès du Glaucus et d'Olynthus venait de s'achever ; quelques heures après que la sentence eut été rendue, plusieurs des élégants de Pompéi étaient réunis à la table du délicat Lépidus.

« Ainsi, Glaucus a nié son crime jusqu'à la fin ?

— Oui ; mais le témoignage d'Arbacès était convaincant : il a vu porter le coup, répondit Lépidus.

— Quel peut avoir été le motif de ce meurtre ?

— Le prêtre était d'un caractère morose et singulier. Il aura probablement réprimandé Glaucus sur sa vie joyeuse, sa passion du jeu, et enfin refusé son consentement à son mariage avec Ione. Une querelle s'en sera suivie. Glaucus, qui avait sans doute trop sacrifié au redoutable Bacchus, aura frappé le prêtre dans un moment de colère. L'excitation du vin, le désespoir du remords lui auront donné le délire qu'il a conservé quelques jours, et je gagerais bien que le pauvre garçon s'imagine réellement qu'il n'a pas commis ce crime. Telle est du moins l'opinion d'Arbacès, qui paraît avoir été plein de bienveillance et de modération dans son témoignage.

— Oui, il s'est rendu populaire par son attitude. En considération de ces circonstances atténuantes, le sénat aurait dû se montrer moins sévère.

— C'est ce qu'il aurait fait, s'il n'avait fallu donner satisfaction au peuple ! La foule était vraiment furieuse ! Il faut dire que les prêtres n'avaient rien épargné pour l'exciter. Quelle bête féroce que le peuple ! Il s'imaginait que Glaucus échapperait à la condamnation parce qu'il est riche et de sang noble : c'est là ce qui a motivé un verdict si dur. Il paraît aussi que, par je ne sais quel accident, il n'a jamais été naturalisé citoyen romain ; le sénat s'est trouvé ainsi privé du droit de résister au peuple, quoique, après tout, il n'y ait eu contre lui qu'une majorité de trois voix... Holà ! du vin !

— Il est bien changé ; mais il a gardé son calme et son air intrépide.

— Nous verrons si cette fermeté sera la même demain. Mais quel mérite y a-t-il dans le courage, lorsqu'on voit ce chien d'incroyant, Olynthus, manifester le même sang-froid ?

— Quel blasphémateur, celui-là ! dit Lépidus, avec une pieuse colère. Je ne m'étonne plus que, l'autre jour, un décurion[1] ait été frappé de la foudre, par un ciel serein. Les dieux sont irrités contre Pompéi, qui garde un pareil impie dans ses murs.

— Et pourtant, le sénat s'est montré si accommodant qu'il lui aurait suffi de témoigner d'un peu de repentir, de consentir à brûler un soupçon d'encens sur l'autel de Cybèle, pour être acquitté !

— Quant à Glaucus, on lui laisse tout de même une chance, en faveur des circonstances atténuantes : on lui permettra de faire usage, pour se défendre contre le lion, du style avec lequel il a tué le prêtre.

— Si on peut appeler cela une chance ! Vous avez vu le lion, vous avez vu ses griffes, ses dents ? Une épée et une cuirasse ne seraient qu'un roseau et du papyrus contre un monstre pareil ! Je trouve que la meilleure grâce qu'on ait faite à Glaucus, c'est encore de ne pas le laisser longtemps en sursis ; c'est heureux pour lui que nos lois, si lentes à prononcer, soient promptes d'exécution, et que les jeux de l'amphithéâtre se trouvent fixés

1. Chef de dix soldats ; ici magistrat municipal.

à après-demain ! Celui qui attend sa mort meurt deux fois.

— Quant à Olynthus, dit Claudius, il n'aura pour armes contre le tigre que ses bras nus ; par malheur, ces combats ne se prêtent guère aux paris. Si quelqu'un pourtant veut tenter l'aventure ?... »

Un éclat de rire général démontra le ridicule de la question.

« Pauvre Claudius ! dit l'hôte ; perdre un ami, c'est fâcheux ; mais ne trouver personne qui veuille parier pour son salut, c'est encore pis.

— C'est contrariant ; c'eût été une consolation pour lui comme pour moi de penser qu'il pouvait être utile jusqu'à la fin.

— Le peuple, dit le grave Pansa, est enchanté du résultat : les jeux de l'amphithéâtre, sans personne à livrer aux bêtes, cela n'est pas de son goût ! Eh bien maintenant il a deux criminels, et pas n'importe lesquels ! N'est-ce pas une chance ? Le peuple travaille, il a besoin de distractions.

— Voilà un discours digne du grave Pansa ! Il ne s'occupe que du peuple. Vous verrez qu'il finira par être un Gracque[1] !

— Certainement, on ne peut pas dire que je sois un patricien insolent, reprit Pansa d'un air noble.

— Il y aurait eu vraiment du danger, observa Lépidus, à se montrer trop généreux la veille d'un combat d'animaux.

---

1. Les Gracques, fils de Gracchus, se sont illustrés par leur courage en défendant les intérêts de la plèbe romaine (voir plébéien).

— Mais, dit quelqu'un de la compagnie, qu'est devenue cette pauvre fille que Glaucus devait épouser ? Être veuve sans avoir été femme, c'est dur !

— Oh ! reprit Claudius, elle est en sûreté sous la protection de son tuteur Arbacès. Il était naturel qu'elle allât chez lui après avoir perdu son fiancé et son frère.

— Par Vénus ! Glaucus était heureux auprès des femmes ; on assure que la riche Julia l'aime aussi.

— Pure fable, mon ami ! dit Claudius avec un air de fatuité. Je l'ai vue aujourd'hui. Si elle a jamais conçu un sentiment de ce genre, je me flatte de l'avoir consolée.

— Eh bien ! donc, s'écria Lépidus, buvons une coupe à la santé de la belle Julia. »

Pendant cette conversation, il se passait une scène bien différente dans le cachot du jeune Athénien.

Après sa condamnation, Glaucus cessa d'être confié à la garde obligeante de Salluste, l'unique ami de son malheur ; il fut conduit dans le forum par des soldats, jusqu'à une petite porte placée à côté du temple de Jupiter. On en voit encore l'emplacement. Cette porte s'ouvrait au centre d'une façon assez bizarre ; elle tournait sur ses gonds, comme nos tourniquets modernes, de manière à ne jamais laisser ouverte que la moitié du seuil. On fit entrer le prisonnier par cette étroite ouverture ; on mit devant lui un pain et une cruche d'eau ; on le laissa ensuite dans les ténèbres, et, à ce qu'il croyait, dans la solitude. Si subit avait été son revers de fortune, qu'il avait peine à se convaincre que son esprit n'était pas le jouet d'un songe affreux. Comment avait-il pu être ainsi précipité des sommets de sa jeunesse et de l'amour partagé, dans le plus profond abîme de l'infamie et de la mort prochaine ? Son organisation vigoureuse avait triomphé d'un breuvage dont, par bonheur, il n'avait bu qu'une faible partie. Il avait recouvré sa raison, mais une sorte de dépression agissait encore sur ses nerfs et sur son intelligence. Son courage naturel et l'orgueil grec lui avaient donné la force de surmonter toute appréhension indigne de son caractère, et de faire bonne contenance devant le tribunal, où l'on avait admiré son maintien noble et calme. Mais la certitude de son innocence fut à peine suffisante pour le soutenir, lorsqu'il se trouva loin des yeux romains, dans l'isolement et le silence. Il n'y avait plus là personne pour consoler l'étranger qui avait été tant admiré et adulé ! Ces murs ne s'ouvraient que sur la terrible arène où il devait rencontrer une mort honteuse. Et Ione ! Il n'avait rien appris sur son sort. Aucun mot bienveillant, aucun message d'amitié n'étaient venus de sa part. L'avait-elle oublié elle aussi ? Le croyait-elle coupable ?... Et de quel crime ?... Le meurtre de son frère ! Il grinçait des dents, il gémissait à haute voix, et, de temps à autre, une crainte affreuse lui traversait le cœur. Si, dans ce délire qui s'était irrésistiblement emparé de ses esprits, le crime dont il était accusé avait été réellement commis par lui ?... Cependant, il repoussait bien vite cette pensée lorsqu'elle se présentait : car, au milieu de l'obscurité, il se rappelait assez distinctement le bosquet de Cybèle, la pâle figure du mort tournée de son côté, le temps d'arrêt qu'il avait marqué auprès du corps, et le choc violent qui l'avait jeté la face contre terre.

Il restait convaincu de son innocence ; et pourtant, qui y croirait encore, qui prendrait la défense de son nom, une fois ses restes mutilés livrés aux éléments ? Lorsqu'il se rappelait son entrevue avec Arbacès, et les désirs de vengeance dont le cœur de cet homme terrible devait être rempli, il ne pouvait s'empêcher de supposer qu'il était la victime de quelque mystérieux complot.

Et Ione... Arbacès l'aimait... Le succès de son rival pouvait être fondé sur sa perte. Cette pensée l'affligeait plus que toutes les autres. Il poussa de nouveaux gémissements.

Une voix s'éleva du fond de l'obscurité et répondit à sa plainte :

« Quel est mon compagnon dans cette heure terrible ? Athénien Glaucus, est-ce toi ?

— C'est ainsi qu'on m'appelait aux jours de ma fortune et de mon bonheur. Et quel est ton nom à toi, étranger ?

— Je suis chrétien : ton compagnon de captivité, après avoir été celui de ton procès.

— Quoi ! celui qu'on appelle l'incroyant ? Est-ce l'injustice des hommes qui t'a poussé à nier la providence des dieux ?

— Hélas ! répondit Olynthus, c'est toi qui es le véritable incroyant, car tu nies le seul vrai Dieu... ce grand inconnu auquel tes pères les Athéniens avaient érigé un autel. C'est dans cette heure solennelle que je reconnais mon Dieu : il est avec moi dans mon cachot. À la veille de ma mort, mon cœur palpite d'immortalité, et la terre ne s'éloigne de moi que pour mieux rapprocher du ciel mon âme fatiguée.

— Réponds-moi, dit Glaucus brusquement : le nom d'Apœcides n'a-t-il pas été mêlé au tien pendant le cours du procès ? Me crois-tu coupable ?

— Dieu seul lit dans les cœurs. Mais mon soupçon ne s'arrête pas sur toi.

— Sur qui, alors ?

— Sur ton accusateur, Arbacès.

— Ah ! et pourquoi penses-tu ainsi ?

— Parce que je connais le cœur de ce méchant homme, et qu'il avait des motifs de craindre celui qui est mort. »

Olynthus informa alors Glaucus de la conversion d'Apœcides et de leur projet de mettre au jour les impostures des prêtres égyptiens.

« C'est pourquoi, continua Olynthus, si Apœcides a rencontré Arbacès, s'il lui a reproché ses trahisons, s'il l'a menacé de les rendre publiques, la place, l'heure ont paru propices à la vengeance de l'Égyptien ; la colère et la ruse auront fait le reste.

— Oui, les choses ont dû se passer ainsi ! s'écria Glaucus.

— Cependant, malheureux ! à quoi te sert maintenant cette découverte ? Tu es condamné ; ton sort est décidé ; tu périras dans ton innocence.

— Je saurai du moins que je ne suis pas coupable ; dans ma mystérieuse démence, il me venait par moments de terribles doutes. Mais dis-moi, toi qui as d'autres croyances que les nôtres, penses-tu que pour de légères erreurs ou pour les fautes de nos ancêtres, nous soyons abandonnés à jamais et maudits par les puissances supérieures, quel que soit le nom qu'on leur donne ?

— Dieu est juste et n'abandonne pas ses créatures à leur faiblesse. Dieu est miséricordieux, et il ne maudit que le méchant qui ne se repent pas.

— Cependant, il me semble que, dans un moment de colère divine, j'ai été frappé d'un soudain délire, qui ne provenait point de moyens humains.

— Il y a des démons sur la terre, répondit le Nazaréen avec gravité, de même qu'il y a Dieu et Son fils dans le ciel ; et, puisque tu ne reconnais pas ceux-ci, les démons peuvent avoir eu prise sur toi. »

Glaucus ne répliqua pas. Ils gardèrent le silence pendant quelques minutes. Enfin l'Athénien reprit, d'un ton de voix ému et doux :

« Chrétien, crois-tu, parmi les dogmes de ta foi, que les morts vivent de nouveau, que ceux qui ont aimé ici-bas soient unis ailleurs ; qu'au-delà du tombeau notre âme sorte des vapeurs mortelles qui l'ont obscurcie aux yeux grossiers de ce monde ?

— Si je crois cela, Athénien ? Non, non, je ne le crois pas, c'est trop peu dire ; je le sais, et c'est cette magnifique et heureuse assurance qui me soutient maintenant. Ô Cyllène ! continua Olynthus d'un ton passionné, épouse de mon cœur, qui m'as été enlevée dans les premiers mois de notre mariage, ne te verrai-je pas, et dans peu de jours ? Bienvenue est la mort qui me conduit au ciel et vers toi ! »

L'Athénien fut touché au fond du cœur par cet élan si

spontané d'amour humain. Il sentit, pour la première fois, quelque chose de plus tendre que le lien qui attache des compagnons d'infortune. Il se rapprocha d'Olynthus.

« Oui, continua le chrétien dans une sainte ferveur, l'immortalité de l'âme, la résurrection, la réunion des morts, tel est le grand principe de notre foi, et c'est pour proclamer cette sublime vérité qu'un Dieu en personne a voulu mourir. Ce n'est point un fabuleux Élysée, un poétique Orcus, mais un pur et radieux héritage du ciel lui-même qui récompense l'homme juste et bon.

— Raconte-moi donc tes doctrines[1] et expose-moi tes espérances », dit Glaucus avec ardeur.

Olynthus s'empressa de satisfaire cette demande ; et, comme il arrivait souvent dans ces premiers âges de la foi chrétienne, ce fut dans l'ombre d'un cachot, et au seuil de la mort, que les lumineuses paroles de l'Évangile[2] répandirent leurs rayons doux et sacrés.

Depuis qu'on l'avait de nouveau jetée dans sa prison, Nydia avait subi l'interminable écoulement des heures comme une véritable torture. Après avoir formé et repoussé mille plans nouveaux de fuite, elle continuait à voir en Sosie son unique espérance. Le désir de connaître l'époque où il pourrait être libre avait été assez fort pour le rendre superstitieux au-delà de toute mesure. Aucun doute que l'appât de cette liberté elle-même eût sur lui un grand pouvoir. N'était-elle pas presque assez riche

1. Enseignement de ce qui est considéré comme vrai.
2. Ensemble des textes rapportant les propos de quatre amis du Christ Jésus et qui racontent sa vie et ses enseignements.

pour lui donner les moyens d'acheter cette liberté ? Ses bras délicats étaient couverts de bracelets dont Ione lui avait fait cadeau. Elle attendit donc ardemment le retour de Sosie ; mais, comme les heures succédaient aux heures et qu'il ne revenait pas, son impatience fut bientôt à son comble. Elle gémit ; elle cria : elle se jeta contre la porte. Ses cris retentirent dans la salle, et Sosie se hâta de venir voir ce qui se passait.

« Oh ! oh ! dit-il avec aigreur. Si tu continues à crier ainsi, nous te bâillonnerons de nouveau.

— Bon Sosie, ne me gronde pas : la solitude m'effraie ; viens t'asseoir près de moi quelques instants ; n'aie pas peur que je cherche à m'échapper. »

Sosie, qui était extrêmement bavard, fut ému de cette requête. Il plaça son siège devant la porte, contre laquelle il s'adossa, et répondit :

« Je ne suis pas assez sauvage pour te refuser cela... Mais ne me joue plus de tours.

— Dis-moi, Sosie, quelle heure est-il ?

— Le soir approche... les troupeaux rentrent.

— Et quelles nouvelles du procès ?

— Tous les deux condamnés. »

Elle réprima un cri.

« Je pensais bien qu'il en serait ainsi. À quand l'exécution ?

— Demain, aux jeux de l'amphithéâtre. Sans toi, petite malheureuse, c'est un plaisir que je pourrais me donner comme les autres. »

Nydia s'affaissa un moment sur elle-même ; la nature cédait, malgré son courage ; mais Sosie ne s'aperçut pas de sa défaillance, car il faisait presque nuit et il songeait trop à ses ennuis personnels. Il se lamentait encore de la privation d'un si délicieux spectacle quand Nydia reprit connaissance.

« Sosie, risqua-t-elle, combien te faut-il pour acheter ta liberté ?

— Combien ? Environ deux mille sesterces.

— Vois ces bracelets et cette chaîne : ils valent deux fois cette somme ! Je te les donnerai si...

— Ne me tente pas. Je ne puis te délivrer. Arbacès est un maître terrible. Qui sait si je n'irais pas nourrir les poissons du Sarnus ? Hélas ! tous les sesterces du monde ne me rappelleraient pas à l'existence ; mieux vaut un chien vivant qu'un lion mort.

— Sosie, c'est ta liberté, penses-y bien. Si tu veux me laisser sortir une heure, à minuit, je reviendrai ici avant l'aurore ; tu peux même venir avec moi.

— Non. On ne connaît qu'un seul esclave qui ait un jour désobéi à Arbacès ; on n'a jamais plus entendu parler de lui ! »

Nydia se tordit les mains.

« Pourtant, dit-elle enfin, tu ne me refuseras pas au moins de porter une lettre de moi. Ton maître ne te tuera pas pour cela.

— À qui ?

— Au préteur.

— À un magistrat ? Ah ! mais non ! Je serais appelé en témoignage, et, avec les esclaves, on procède par la torture.

— Pardon, je ne voulais pas dire le préteur... J'avais dans la pensée une autre personne... Salluste.

— Quelle affaire as-tu avec lui ?

— Glaucus était mon maître ; il m'a achetée à un cruel patron ; il a toujours été bon pour moi, il va mourir. Je ne serai jamais heureuse, si je ne puis lui faire connaître que j'ai gardé de ses bienfaits un souvenir reconnaissant. Salluste est son ami, il portera mon message. »

Sosie était grandement ébranlé ; après tout, il pouvait fermer la porte sur Nydia, et si Arbacès s'apercevait de son absence, ce ne serait pas une faute majeure. Le gain était énorme, le risque léger, la tentation irrésistible : il n'hésita plus.

« Donne-moi les joyaux et je me chargerai de la lettre ; je vais t'apporter du papyrus.

— Non, une tablette de cire et un style. »

Nydia était issue d'une famille distinguée. En dépit de sa cécité, elle avait acquis l'art d'écrire, à l'aide du style aigu, sur les tablettes de cire. Elle traça quelques mots en grec, la langue de son enfance, que tout Italien de haut rang était supposé connaître. Elle entoura avec soin son épître d'un cordon protecteur, et couvrit le nœud avec de la cire.

Sosie sortit, après avoir eu soin de mettre la barre à la porte de la chambre de Nydia, en assurant bien les verrous. Les rues étaient presque vides, et il eut bientôt gagné la maison de Salluste. Le porteur lui dit de laisser sa lettre et de s'en retourner, car Salluste était si chagriné de la condamnation de Glaucus qu'il ne voulait être troublé dans sa douleur par quoi que ce fût.

« Cependant j'ai juré de remettre cette lettre dans ses propres mains, je dois le faire. »

Et Sosie, sachant bien par expérience comment on endort un cerbère, lui mit une douzaine de sesterces dans la main.

« C'est bien, c'est bien, dit le portier adouci, entre ; mais, pour dire la vérité, Salluste est en train de noyer son chagrin dans le vin. C'est son habitude, lorsque quelque chose le tourmente. Il commande un souper excellent, les meilleurs vins, et ne quitte la table que lorsque son chagrin a fait dans son esprit place à l'alcool...

— Bonne méthode, très bonne ! Si j'étais à la place de Salluste, je voudrais avoir quelque chagrin à chasser tous les jours. »

Salluste était trop triste pour recevoir de la compagnie... mais trop triste aussi pour boire seul. Aussi avait-il appelé auprès de lui l'un de ses affranchis. De temps en temps l'épicurien au bon cœur soupirait, pleurait, sanglotait, puis mangeait quelques mets et remplissait sa coupe avec une nouvelle ardeur.

« Mon brave camarade, disait-il à son compagnon... C'est un terrible arrêt... bien terrible... Ce chevreau ne vaut rien... Pauvre cher Glaucus... Quelle gueule que celle de ce lion !... »

Il sanglota de nouveau, et ses sanglots ne furent interrompus que par le hoquet.

« Prenez cette coupe de vin, proposa l'affranchi.

— Ce vin est un peu trop froid… Mais c'est Glaucus qui doit avoir froid !… Que ma maison soit fermée demain… Que pas un esclave ne sorte… Je ne veux pas qu'un seul de mes serviteurs honore de sa présence cette maudite arène… Non, non !

— Goûtez de ce falerne… Votre douleur vous absorbe… Un peu de cette tarte à la crème ! »

Ce fut à cet instant favorable que Sosie se vit admis devant l'inconsolable gourmand.

« Qui es-tu ? »

— Un simple messager. Je dois remettre à Salluste ce billet de la part d'une jeune femme : je ne crois pas qu'elle attende de réponse ; puis-je sortir ? »

Ce disant, Sosie tenait sa figure cachée dans son manteau et déguisait sa voix, de peur d'être reconnu plus tard.

« Un billet d'une jeune femme ! Malheureux ! ne vois-tu pas que j'ai du chagrin ?… Va-t'en, et que la malédiction de Pandarus t'accompagne !

— Ne lirez-vous pas cette lettre, Salluste ? dit l'affranchi.

— Une lettre… quelle lettre ?…, répondit l'épicurien courroucé et qui commençait à voir double. Suis-je un homme à lire la lettre d'une femme… lorsque mon ami est sur le point d'être dévoré ?

— Qu'on le porte au lit ! » dit l'affranchi.

On emporta Salluste, pendant qu'il exhalait encore des lamentations sur le sort de Glaucus, et des imprécations contre les invitations malvenues des belles Pompéiennes.

Sosie, de son côté, s'en retournait plein d'indignation. Tandis qu'il suivait une étroite ruelle conduisant à l'amphithéâtre, il se trouva tout à coup au milieu d'une foule considérable.

« Qu'y a-t-il donc ? demanda-t-il à son plus proche voisin. Où courent ces braves gens ?

— Le noble Pansa, ami du peuple, a accordé la permission de voir les bêtes. Par Hercule, je connais des gens qui ne les regarderont pas demain avec la même tranquillité !

— Cela vaut la peine d'être vu, dit l'esclave ; et, puisque je ne puis assister aux jeux, je veux du moins jeter un coup d'œil sur les bêtes.

— Vous ferez bien ; on ne voit pas tous les jours à Pompéi un lion et un tigre. »

Comme la cellule dans laquelle les animaux se trouvaient enfermés était extrêmement étroite, la bousculade des curieux augmentait à mesure qu'on approchait pour les voir. Sosie, qui était assez vigoureux, et qu'un scrupule exagéré de politesse et de savoir-vivre ne gênait guère, essaya d'arriver parmi les premiers et se trouva bientôt dans un réduit où la chaleur était étouffante.

Les animaux avaient été enfermés dans le même lieu, mais séparés l'un de l'autre par de fortes cages protégées de barres de fer. Le lion, d'une nature plus douce que son compagnon, avait été volontairement rendu féroce par la faim. Il allait et venait dans sa cage d'un air inquiet et farouche, frôlant les barreaux ; ses regards exprimaient toute sa rage ; et, lorsqu'il s'arrêtait par moments pour regarder la foule, les spectateurs se rejetaient en arrière. Quant au tigre, il était tranquillement étendu de tout son long dans sa cage, seul le mouvement de sa queue, parfois un bâillement sourd témoignaient de l'ennui qu'il éprouvait.

« Je n'ai jamais vu de bête plus sauvage que ce lion, même dans l'amphithéâtre de Rome », dit un gigantesque garçon tout en muscles, qui se trouvait à la droite de Sosie.

« Devant des membres pareils, il y a de quoi avoir honte ! » ajouta, à la gauche de Sosie, un second personnage dont les bras étaient croisés sur la poitrine.

L'esclave les regarda l'un après l'autre, en se disant : « Un joli voisinage pour toi, Sosie ! Deux gladiateurs. »

« Tu as raison, Lydon, reprit le plus grand ; notre orgueil en prend un coup !

— Et penser, observa l'autre d'un ton de compassion, penser que ce noble Grec, que nous avons vu plein de jeunesse et de santé, sera la proie de ce monstre !

— Pourquoi pas ? reprit Niger d'un ton féroce. Plus d'un honnête gladiateur a été forcé à un pareil combat par l'empereur ; pourquoi la loi n'y condamnerait-elle pas un meurtrier ? »

Lydon soupira, haussa les épaules et garda le silence. Pendant ce temps-là, bon nombre de spectateurs écoutaient leur conversation, yeux fixes et bouche bée. Les gladiateurs étaient des objets de curiosité au même titre que les bêtes : n'étaient-ce pas des animaux de la même espèce ? Aussi les regards de la foule allaient-ils tour à tour des hommes aux bêtes et des bêtes aux hommes, savourant par anticipation les plaisirs du lendemain.

« Eh bien, dit Lydon en se détournant, je remercie les dieux de n'avoir pas à combattre le lion ou le tigre ; j'aimerais mieux avoir affaire à toi, Niger.

— Je suis aussi dangereux qu'eux, répondit l'autre avec un rire cruel.

— Peut-être », répondit Lydon avec insouciance en s'éloignant de la cellule.

« C'est le jeune Lydon, un bon gladiateur ; il combat demain, dit quelqu'un.

— Et j'ai parié pour lui, répondit un autre ; regardez comme il marche d'un pas ferme !

— Voilà un bel homme, par Vénus ! s'écria une jeune fille qui sortait à peine de l'enfance.

— Merci », répondit Sosie, qui prit le compliment pour lui.

Rien de plus pur que les motifs de Lydon : il était certain que jamais il n'aurait embrassé cette sanglante profession sans l'espoir d'obtenir la liberté de son père : pourtant, il ne pouvait s'empêcher d'être flatté de l'effet qu'il produisait ; il oubliait que ces voix, qui lui adressaient des vœux en ce moment, s'élèveraient peut-être le lendemain pour réclamer sa mort. Aussi fier et hardi de nature que généreux et plein de cœur, il était cependant déjà gagné par l'orgueil de ce métier qu'il croyait dédaigner.

« Niger, dit-il en se retournant tout à coup, après avoir traversé la foule, nous nous sommes souvent querellés ; donne-moi ta main.

— Bien volontiers, dit, en tendant la sienne, Sosie qui n'avait pas quitté les deux hommes.

— Quel est cet imbécile ? Je croyais que c'était Niger qui me suivait.

— Je pardonne ta méprise, dit Sosie d'un ton protecteur, n'en parlons plus ; Niger et moi nous sommes à peu près bâtis de la même façon.

— Ha ! ha ! elle est bien bonne ! Niger t'aurait étranglé, s'il t'avait entendu.

— Changeons de conversation.

— C'est bon, dit Lydon, je ne suis pas en humeur de causer avec toi.

— Vraiment ! répondit l'esclave ; vous avez d'autres soucis, sans doute. Demain, c'est votre début dans l'arène. Je suis sûr que vous mourrez bravement.

— Que tes paroles retombent sur ta tête ! dit Lydon, qui était superstitieux. Mourir, non ; je ne pense pas que mon heure soit encore venue.

— Celui qui joue aux dés avec la mort doit s'attendre au coup du chien[1] reprit Sosie avec malice ; mais vous êtes un vigoureux gaillard, et je vous souhaite toute la chance possible, adieu. »

« J'espère que les paroles de ce coquin ne sont pas un présage, se dit Lydon. Dans mon zèle pour la liberté de mon père, l'éventualité d'un mauvais sort ne m'avait même pas effleuré ! Mon pauvre père ! Je suis son fils unique, et si j'allais mourir !... »

Agité par cette pensée, le gladiateur marcha plus rapidement et ne s'arrêta que lorsqu'il fut parvenu à une

1. Coup qui se retourne contre soi-même.

petite éminence dominant la partie la plus riche et la plus gaie de cette cité qui, d'ici, apparaissait en miniature.

Comme Pompéi dormait tranquillement, sous la nuit étoilée !... Comme les colonnades de ses rues, fièrement dressées, semblaient convaincues de leur éternité ! Comme les vagues de la mer venaient baigner doucement le rivage ! Avec quelle complaisance les cieux sans nuages de la Campanie étendaient leur azur profond !... Et cependant c'était la dernière nuit de cette joyeuse ville, de cette colonie du Chaldéen[1] à cheveux blancs, de cette cité fabuleuse d'Hercule, de ces vestiges des voluptueux Romains ! Les siècles avaient roulé sur sa tête sans y toucher, sans lui ôter une grâce, et voilà que sa dernière heure allait bientôt sonner !

Le gladiateur entendit quelques pas derrière lui : un groupe de femmes s'en revenait de la visite à l'amphithéâtre ; comme il se retournait, son œil fut arrêté par une étrange et soudaine apparition.

Du sommet du Vésuve, à peine visible à cette distance, s'élevait une lumière pâle, météorique, livide... Elle trembla un instant dans l'air et s'évanouit.

1. Originaire de la Chaldée (l'Irak actuel).

5

La nuit redoutable qui précédait les jeux féroces de l'amphithéâtre s'écoula lentement, et l'on vit luire enfin le premier rayon du dernier jour de Pompéi. L'air était prodigieusement calme et pesant ; un brouillard transparent et lourd s'étendait sur les vallées et dans les ravins des vastes champs de la Campanie. Le pêcheur matinal remarqua avec surprise qu'en dépit de l'excessive tranquillité de l'atmosphère les vagues de la mer étaient agitées, et qu'elles paraissaient s'éloigner du rivage d'une façon désordonnée.

Les portes de la cité avaient été ouvertes de très bonne heure ; des cavaliers et des équipages passaient rapidement ; les voix des groupes de piétons en habits de fête se faisaient joyeusement entendre ; l'attente du plaisir animait tous les regards ; les rues se remplissaient d'habitants et d'étrangers accourus des environs populeux de la ville ; des flots de curieux se hâtaient confusément, à grand bruit, vers le fatal amphithéâtre...

Le sommeil de l'Égyptien avait été, cette nuit, plus profond que d'habitude ; mais, aux approches de l'aurore, il avait été troublé par d'effroyables songes. Il se releva soudain en poussant un cri de colère, de douleur et de rage désespérée ; son front était baigné de sueur, tout son corps frissonnait. Puis il s'éveilla, se recueillit et remercia les dieux, auxquels il ne croyait pas, de ce que ce ne fût là qu'un songe. Il jeta les yeux autour de lui ; les rayons du soleil naissant pénétraient à travers la haute et étroite croisée ; le jour de son triomphe était enfin venu... Il sourit ; mais, tout à coup, en baissant les yeux, il aperçut à côté de lui la figure sépulcrale de la sorcière du Vésuve.

« Ah ! cria-t-il en posant ses mains sur ses yeux comme pour fuir cette sombre vision, est-ce que je rêve encore ?... Et suis-je toujours avec les morts ?

— Non, puissant Hermès, tu es avec l'image de la mort, mais non avec la mort. Reconnais ton amie et ton esclave. Je suis venue pour t'avertir.

— M'avertir !... Et de quel péril ?

— Écoute-moi. Un grand danger menace la cité. Fuis pendant qu'il en est temps. Tu sais que j'habite cette montagne sur laquelle la vieille tradition a placé les feux de Phlégéthon[1]. Il y a dans ma caverne un vaste abîme, et j'y ai remarqué depuis peu un ruisseau rouge et

1. Fleuve des Enfers qui roule des flammes.

sombre qui monte avec lenteur. J'ai entendu souvent des sons terribles sifflant et mugissant dans les ténèbres. La dernière nuit, j'ai voulu voir ; le ruisseau n'avait plus rien de sombre, il était flamboyant ; et pendant que je regardais, le renard, qui tremblait à mon côté, poussa de sourds gémissements, s'étendit sur le sol et, finalement, mourut. Sa gueule était toute couverte d'écume. Je remontai dans mon repaire ; mais j'entendis distinctement toute la nuit le roc craquer et s'entrouvrir ; quoique l'air fût lourd et tranquille, le vent sifflait et il s'y mêlait comme un bruit de roues souterrain. Lorsque je me suis levée ce matin, à la naissance du jour, j'ai regardé de nouveau dans l'abîme ; de nombreux fragments de pierres noires flottaient dans les remous, plus puissants et plus rouges encore que pendant la nuit. Alors je suis sortie, j'ai escaladé le sommet du rocher, et là j'ai aperçu une vaste crevasse que je n'avais pas encore remarquée, d'où s'élevait une obscure et légère fumée. Cette vapeur était sûrement mortelle. Je suis revenue chez moi, j'ai pris mon or et mes drogues et quitté cette demeure où j'ai passé tant d'années, car je me suis souvenue de la prédiction étrusque : “Lorsque la montagne s'ouvrira, la cité tombera ; lorsque la fumée couronnera les sommets des champs brûlés, les enfants de la mer connaîtront le malheur et les larmes.” Maître suprême ! Avant de quitter ces murs pour quelque asile éloigné, je viens à toi ; je suis assurée, comme de mon existence, que le tremblement de terre qui a remué la cité, il y a soixante ans, jusque dans ses bases, n'était que le précurseur d'une catastrophe plus terrible. Les murs de Pompéi ont été bâtis sur le domaine de la mort et sur les rives de l'enfer. Te voilà averti : fuis !

— Sorcière, je te remercie de l'intérêt que tu prends à un homme qui n'est pas ingrat. Sur cette table se trouve une coupe d'or : prends-la, elle est à toi. Les signes que tu as vus dans le lit du volcan éteint indiquent assurément quelque imminent danger, peut-être un tremblement de terre plus considérable que le premier. C'est une nouvelle raison pour moi de quitter ces murs. Demain je partirai. Fille d'Étrurie, de quel côté te diriges-tu ?

— Je me rendrai aujourd'hui à Herculanum, et le long de la côte je chercherai une nouvelle demeure. Je reste sans amis, sans compagnons ; le renard et le serpent ne sont plus. Grand Hermès[1] ! Tu m'as promis vingt nouvelles années d'existence.

— Oui, dit l'Égyptien, je te les ai promises. Mais, dis-moi, pourquoi désires-tu vivre ? Quelles douceurs attends-tu encore de la vie ?

— Ce n'est pas la vie qui est douce, c'est la mort qui est terrible ! »

Arbacès frémit à la vérité contenue dans cette réponse, et, ne souhaitant pas retenir davantage son étrange visiteuse :

« Le temps passe, dit-il, je dois me préparer pour le solennel spectacle de ce jour. Adieu, ma sœur ; amuse-toi tant que tu pourras avec ce qui te reste d'existence... »

C'était la coutume d'assister aux solennités de l'amphithéâtre en habits de fête : Arbacès s'habilla ce

1. Nom grec de Mercure.

jour-là avec plus de soin que d'habitude. Sa tunique était d'une éblouissante blancheur ; ses agrafes étaient composées des pierres les plus précieuses ; sur sa tunique flottait une large robe orientale, qui servait en même temps de manteau et qui brillait des plus riches nuances de la pourpre tyrienne[1] ; ses sandales, montant jusqu'à mi-jambe, étaient garnies de diamants et incrustées d'or.

« Callias, dit Arbacès, à part, à son affranchi, je suis las de Pompéi ; je me propose de quitter cette ville dans trois jours si le vent nous est propice. Tu connais le vaisseau amarré dans le port, et qui appartenait à Narsès d'Alexandrie ; je l'ai acheté : après-demain nous commencerons à y porter tout ce que je possède ici.

— Arbacès sera obéi. Et sa pupille Ione ?

— Elle m'accompagne. La matinée est-elle belle ?

— Lourde et accablante. Il fera probablement très chaud dans l'après-midi.

— Les pauvres gladiateurs et les pauvres criminels ! Descends voir si les esclaves sont prêts. »

Arbacès, resté seul, passa dans son cabinet d'étude, et de là sous le portique. Il vit les longues files de gens qui se dirigeaient vers l'amphithéâtre. Il entendit leurs clameurs et le bruit des cordes au moyen desquelles on élevait le vaste velum[2] ; il devait empêcher les citoyens d'être incommodés par les rayons du soleil, et leur permettre de jouir à leur aise de l'agonie de leurs semblables. Un son étrange traversa tout à coup les airs et s'éteignit presque aussitôt : le rugissement du lion. Il se

1. Couleur pourpre obtenue à partir d'un coquillage et fabriquée à Tyr.
2. Grande toile tendue sur un théâtre ou un amphithéâtre.

fit un grand silence dans la foule ; mais ce silence fut suivi d'un éclat de rire. La foule se réjouissait de l'impatience affamée du royal animal.

« Bêtes féroces ! » murmura Arbacès avec mépris.

Il lança alors un regard inquiet vers le Vésuve ; les vignes qui entouraient ses flancs brillaient au soleil, et le front de la haute montagne paraissait, dans le repos des nues, tranquille comme l'éternité.

Rassurée par le récit que Sosie lui fit à son retour, et satisfaite que sa lettre eût été remise dans les mains de Salluste, Nydia conçut une dernière espérance. Salluste ne perdrait probablement pas de temps ; il courrait chez le préteur ; on visiterait la maison de l'Égyptien ; on la délivrerait ; on ouvrirait le cachot de Calénus ; Glaucus serait libre cette nuit-là... Hélas ! la nuit passa... l'aurore vint... elle n'entendit rien que les pas empressés des esclaves, le long de la salle et du péristyle, et le bruit des préparatifs du spectacle. De temps à autre, la voix d'Arbacès donnant des ordres arrivait à son oreille... Enfin, une fanfare joyeuse se fit entendre... Le peuple se mettait en marche pour l'amphithéâtre ; tous étaient avides de repaître leurs yeux des dernières tortures de l'Athénien.

Le cortège d'Arbacès s'avança avec solennité jusqu'à l'endroit où ceux qui venaient en char ou en litière devaient descendre pour continuer à pied. Arbacès se dirigea vers la partie du cirque réservée aux personnes de haut rang. Ses esclaves, se mêlant à la multitude, se placèrent dans le popularium[1]. L'Égyptien, de son siège,

1. Espace réservé au peuple dans les gradins.

dominait la foule impatiente qui remplissait l'énorme théâtre.

Les femmes étaient assises sur les gradins les plus hauts, séparées des hommes. Il est superflu d'ajouter qu'elles formaient la partie la plus bruyante de l'assemblée. Les sièges les plus bas et qui entouraient immédiatement l'arène étaient occupés par les personnes les plus riches et de la naissance la plus illustre : les magistrats, les sénateurs et les chevaliers[1]. De solides palissades interdisaient aux bêtes toute fantaisie, les forçant à se contenter de la proie qui leur était assignée. Autour du parapet qui se dressait au-dessus de l'arène, à l'endroit où les gradins commençaient, on voyait des inscriptions et des scènes de gladiateurs peintes sur fresques. Dans tout l'édifice serpentaient d'invisibles conduits, au moyen desquels, à mesure que le jour avançait, des ondées rafraîchissantes et parfumées étaient lancées pour retomber en pluie sur les spectateurs.

Une fanfare guerrière annonça l'entrée des gladiateurs. Ils avancèrent dans l'arène en pompeux cortège. Ils firent lentement et avec fierté le tour de l'ovale, afin de procurer aux spectateurs le loisir d'admirer leurs traits, leurs membres et leurs armes, et de leur donner le temps d'établir leurs paris selon l'inspiration du moment.

« Oh ! dit la veuve Fulvie à la femme de Pansa, pendant qu'elles s'inclinaient sur leurs bancs élevés, voyez-

---

1. Classe intermédiaire entre les patriciens et les plébiens (voir ce mot).

vous ce gigantesque gladiateur ? Comme il est bizarrement habillé !

— Oui », répondit la femme de l'édile, non sans suffisance, car elle connaissait le nom et les qualités de chaque combattant. « C'est un sétiaire[1], un gladiateur au filet ; il n'est armé, comme vous le voyez, que d'une lance à trois pointes, une espèce de trident, et n'a pas d'armure, rien que le filet et la tunique. C'est un homme vigoureux ; il doit combattre contre Sporus, ce solide gaillard qui porte un bouclier rond et une épée ; il est lui aussi sans armure. Il n'a pas son casque maintenant, afin que vous puissiez distinguer sa figure. N'a-t-il pas un air terrible ?... Il se battra tout à l'heure avec sa visière baissée.

— Mais un filet et une lance sont peu de chose contre un bouclier et une épée.

— Ce que vous dites là montre votre innocence, ma chère Fulvie. Le rétiaire est ordinairement le mieux partagé.

— Mais quel est ce beau gladiateur, presque nu ?...

— C'est Lydon, un débutant. Il a la témérité de combattre Tétraidès, d'abord selon la mode grecque, avec le ceste, puis avec l'armure, l'épée et le bouclier.

— Beaucoup feront à coup sûr des vœux pour lui !

— Les parieurs expérimentés ne pensent pas ainsi. Claudius offre à son désavantage trois contre un.

— Par Jupiter ! que c'est beau ! » s'écria la veuve, en admirant deux gladiateurs, armés de pied en cap, qui fai-

1. Gladiateur armé d'un trident et d'un filet.

saient le tour de l'arène sur des coursiers légers et bondissants. Ils portaient des lances et des boucliers ronds, ornés de belles incrustations. Leur armure, savamment composée de bandes métalliques, ne couvrait que leurs cuisses et leur bras droit. De courts manteaux, descendant jusqu'à leurs selles, donnaient à leur costume un air pittoresque et gracieux ; leurs jambes étaient nues, à l'exception des sandales, attachées un peu au-dessous de la cheville.

« Qui sont-ils ? demanda la veuve.

— L'un d'eux s'appelle Berbix. Il a vaincu douze fois. L'autre se donne le nom arrogant de Nobilior. Ce sont deux Gaulois. »

Cependant, les premières formalités des jeux s'accomplissaient ; alors eut lieu un combat simulé, avec des épées de bois, entre divers gladiateurs, engagés deux à deux. L'adresse de deux gladiateurs romains qu'on avait fait venir pour cette fête fut particulièrement admirée ; et après eux, le plus gracieux combattant fut Lydon. Cette petite guerre ne dura pas plus d'une heure, et n'excita pas un très grand intérêt, excepté parmi les connaisseurs, que l'art de l'escrime intéressait avant toute chose. La masse des spectateurs en vit la fin avec plaisir. Les combattants se mirent en ordre par paires, ainsi qu'il était convenu d'avance ; les armes furent examinées, et les terribles amusements de la journée commencèrent au milieu du plus profond silence, interrompu seulement, en guise de préliminaires, par les excitants accents d'une musique guerrière.

On commençait ordinairement les jeux par le plus

cruel de tous ; quelque bestiaire, gladiateur condamné aux bêtes, était sacrifié en un rituel d'initiation. L'édile Pansa fit à cette occasion preuve de son expérience. Il jugea à propos de conduire ce drame sanguinaire selon toutes les règles d'un spectacle bien mené ; il réserva l'exécution de Glaucus et d'Olynthus pour le dénouement... Il fut arrêté que les gladiateurs à cheval parcourraient d'abord l'arène ; que les gladiateurs à pied leur succéderaient ; qu'on verrait paraître ensuite Glaucus et le lion, et qu'enfin le tigre et le Nazaréen termineraient le sanglant spectacle.

Les deux cavaliers se trouvaient alors à chacune des extrémités de l'arène, et, sur un signal de Pansa, ils se précipitèrent simultanément l'un vers l'autre, comme s'ils avaient l'intention d'entrer en collision et de se briser mutuellement au premier choc. Chacun portait en avant son bouclier rond et tenait fermement sa haute javeline[1] aussi légère qu'inflexible ; à trois pas de son adversaire, Berbix arrêta brusquement son cheval, se jeta de côté, et comme Nobilior, emporté dans sa course, continuait sur sa lancée, il dirigea contre lui sa javeline ; le bouclier de Nobilior, soudainement présenté avec beaucoup d'adresse, reçut le coup, qui sans cela aurait été mortel.

« Très bien ! Nobilior », s'écria le préteur, donnant au peuple le premier signal des applaudissements.

« Bien frappé ! mon Berbix », répondit Claudius de son siège.

---

1. Lance légère.

Un murmure, accompagné d'applaudissements, parcourut tous les rangs de l'assemblée.

Les visières des deux cavaliers étaient complètement baissées, mais la tête restait néanmoins le but principal des attaques ; et Nobilior, chargeant à son tour son adversaire, dirigea avec non moins d'adresse que lui la pointe de son épée sur le casque de Berbix, qui leva son bouclier pour se couvrir ; mais son clairvoyant antagoniste changea promptement la direction de sa javeline et, la baissant soudain, l'atteignit à la poitrine. Berbix chancela et tomba.

« Nobilior ! Nobilior ! s'écria la populace.

— J'ai perdu dix sesterces, murmura Claudius entre ses dents.

— Il a son affaire », dit Pansa froidement.

La populace qui n'était pas endurcie fit le signal de grâce ; mais les employés de l'arène, en s'approchant, virent que c'était de la pitié perdue. Le cœur du Gaulois avait été percé, et ses yeux étaient fermés pour toujours. C'était le sang de sa vie qui teignait de noir le sable et la sciure de l'arène.

« C'est dommage que le combat n'ait pas duré plus longtemps, dit Fulvie, ce n'est guère la peine de déranger les gens pour si peu !

— C'est vrai... Berbix ne mérite pas notre pitié... Pourquoi n'a-t-il pas vu, comme tout le monde, la feinte de Nobilior ? Tenez ! Voici qu'on attache le fatal crochet au corps. On va le conduire au spoliarium[1]. On remet

1. Local où l'on déposait les morts au combat dans l'amphithéâtre.

une nouvelle couche de sable sur l'arène. Le plus grand regret de Pansa, c'est de ne pas être assez riche pour couvrir l'arène de borax[1] et de cinabre[2], comme le faisait Néron.

— Si le combat a été court, on peut dire au moins que le suivant ne se fait pas attendre. Voyez le beau Lydon dans l'arène et l'homme au filet, et les autres avec leurs épées. »

Il y avait maintenant six combattants dans l'arène : Niger et son filet en présence de Sporus avec son bouclier et son petit sabre, Lydon et Tétraidès, chacun armé d'un lourd ceste grec, et deux gladiateurs de Rome revêtus d'acier, avec d'énormes boucliers et des épées pointues.

La lutte au ceste entre Lydon et Tétraidès, étant moins redoutable, devait avoir lieu en premier. En un tacite accord, les autres combattants les laissèrent donc s'avancer devant eux dans l'arène, attendant, pour commencer eux-mêmes les hostilités, de voir comment se terminerait cet assaut de second ordre. À bonne distance les uns des autres, ils s'appuyèrent sur leurs armes, les yeux fixés sur le jeu. Bien qu'il ne fût pas assez sanglant pour déchaîner l'enthousiasme de la populace, tous y prirent intérêt.

Au premier coup d'œil, les deux antagonistes ne semblaient pas faits l'un pour l'autre. Tétraidès, quoiqu'il ne fût pas plus grand que Lydon, était beaucoup plus gros. La force naturelle de ses muscles s'augmentait, aux yeux

1. Borate hydraté de sodium.
2. Pigment en poudre rouge vif.

du vulgaire, de l'épaisseur de sa chair ; car on croyait généralement que l'embonpoint ne pouvait qu'être favorable au combat du ceste, et Tétraidès avait encouragé, autant qu'il avait pu, ses dispositions à engraisser : ses épaules étaient fortes, ses membres inférieurs épais et légèrement arqués, son corps trapu, en un mot de cette constitution où la force apparente impressionne d'autant plus que la grâce fait défaut.

Mais Lydon, quoique élancé jusqu'à friser la maigreur, était, sous ses dehors fragiles, admirablement proportionné. Les connaisseurs pouvaient s'apercevoir que ses muscles, moins gros que ceux de son adversaire, étaient plus compacts, littéralement de fer. De plus, son absence d'embonpoint le rendait à coup sûr plus agile. Enfin, le sourire hautain qu'affichait sa figure résolue, par contraste avec l'expression pesante et stupide de son adversaire, inspirait confiance à ceux qui le regardaient et, du même coup, suscitait la sympathie.

Quiconque a assisté de nos jours à un combat de boxe et a pu apprécier les coups terribles que, la technique aidant, le poing d'un homme est capable de porter, peut se faire une idée de l'efficacité qu'y ajoutait une bande de cuir s'enlaçant autour du bras jusqu'au coude et renforcée aux jointures des doigts par une plaque de fer, quelquefois même par un morceau de plomb. Mais, au lieu d'augmenter par là, comme on croyait, l'intérêt du combat, cet artifice le diminuait peut-être ; car c'était en abréger la durée : un petit nombre de coups savamment portés suffisaient pour terrasser le plus faible des deux combattants.

« En garde ! » s'écria Tétraidès en s'approchant de son adversaire, qui tournait autour de lui beaucoup plus qu'il ne reculait.

Lydon ne répondit que par un regard où se concentrait, dans un œil prompt et vigilant, tout son dédain ; Tétraidès frappa comme un forgeron sur une enclume. Lydon posa un genou à terre, le coup passa au-dessus de sa tête ; sa riposte ne fut pas si inoffensive, il se releva sur-le-champ et lança son ceste en pleine poitrine de son adversaire ; Tétraidès fut étourdi ; la populace fit éclater ses applaudissements.

« Vous n'êtes pas heureux aujourd'hui, remarqua Lépidus à Claudius. Vous avez perdu un pari, vous allez en perdre un autre.

— Par les dieux ! Si vous dites vrai, mes bronzes iront tout droit chez l'huissier priseur[1]. Je n'ai pas engagé moins de cent sesterces sur Tétraidès. Ah ! ah ! voyez comme il se remet. Voilà un maître coup. Il vient de fendre l'épaule de Lydon... Bravo, Tétraidès !...

— Mais Lydon ne s'émeut pas pour autant ! Par Pollux ! il conserve son sang-froid. Voyez comme il évite les coups avec adresse : une fois d'un côté, une fois de l'autre... Vous avez vu avec quel savoir-faire il tourne sur lui-même ?... Oh ! cette fois, il s'est fait prendre de vitesse... Pauvre Lydon !

— Trois pour un en faveur de Tétraidès ! s'écria Claudius. Qu'en dites-vous, Lépidus ?

— Je m'incline ! Neuf sesterces contre trois ! Mais

1. L'officier de justice.

regardez-le, il respire ! Il se remet... Par les dieux, dommage qu'il soit à terre !... Mais non ! Ça y est, le revoilà debout ! Bravo, Lydon ! Attention à Tétraidès ! Il rit tout haut, la brute ! Il revient de plus belle à la charge !

— Le fou ! Le succès l'aveugle... il devrait être plus prudent... L'œil de Lydon est comme celui d'un lynx, dit Claudius entre ses dents.

— Ah ! Claudius, voyez, votre homme chancelle... encore un coup... il tombe... il est tombé.

— Mais la terre lui communique ses forces... car le revoilà à nouveau debout ; mais le sang coule sur son visage...

— Par le maître de la foudre ! Lydon triomphe... Voyez comme il presse son adversaire... Ce coup sur la tempe aurait renversé un bœuf ; il a écrasé Tétraidès, qui tombe de nouveau... il ne peut plus se remuer... Il en tient ! Il en tient !

— Il en tient ! répéta Pansa ; qu'on les emmène et qu'on leur donne les armures et les épées.

— Noble editor[1] dirent les employés, nous craignons que Tétraidès ne soit pas remis à temps. »

Quelques minutes après, les hommes qui avaient emporté le gladiateur tombé sans connaissance étaient de retour. Ils craignaient pour la vie de Tétraidès ; il lui était impossible de reparaître dans l'arène.

« En ce cas, dit Pansa, Lydon remplacera le prochain gladiateur vaincu contre son adversaire. »

Le peuple applaudit à cette sentence. Les fanfares

---

1. L'editor était le personnage de la cité offrant à la foule, à ses propres frais, les jeux et les spectacles.

éclatèrent de nouveau ; les quatre combattants se préparèrent fièrement à se mesurer.

« Connaissez-vous ces gladiateurs romains, cher Claudius ? Sont-ils célèbres ? demanda Lépidus.

— Eumolpus est une lame de seconde classe ; pour Nepimus, le plus petit des deux, je ne l'ai jamais vu ; mais il est fils d'un des gladiateurs officiels, entretenus par l'empereur, et il a été élevé à bonne école. Mais je n'ai plus de cœur au jeu ; je ne regagnerai jamais l'argent que j'ai perdu ; je suis ruiné. Maudit soit ce Lydon ! Qui aurait pu lui supposer tant d'adresse et tant de chance ?

— Voyons, Claudius, je compatis pour vous et j'accepte votre pari sur ces deux Romains.

— Alors, dix sesterces sur Eumolpus !

— Quoi ! avec un débutant comme Népimus, le marché n'est pas tenable.

— Huit alors !

— C'est convenu. »

Dès le début des combats, sur les gradins les plus élevés, un spectateur avait pris à ces jeux un douloureux intérêt. Médon, le vieux père de Lydon, en dépit de son horreur chrétienne pour ce genre de spectacle, n'avait pu, dans son anxiété, résister au désir d'assister aux combats qui devaient décider de son sort. Caché dans une foule d'étrangers du plus bas peuple, le vieillard ne sentait, ne voyait rien que la présence de son brave fils. Pas un mot ne s'était échappé de ses lèvres lorsqu'il l'avait vu deux fois tomber à terre : il était seulement devenu plus pâle, et ses lèvres avaient tremblé. Mais il avait jeté un cri de joie, lorsque la victoire avait changé de camp, sans prévoir, hélas ! que cette victoire n'était que le prélude d'une bataille plus terrible.

« Mon brave fils ! dit-il, et il essuya ses yeux.

— Est-ce ton fils ? demanda un homme placé à la droite du Nazaréen ; il a bien combattu ; nous allons voir comment il se comportera tout à l'heure. N'as-tu pas entendu ? Il combattra le premier vainqueur. Maintenant, prie les dieux que le vainqueur ne soit aucun des deux Romains, ni après eux, le géant Niger ! »

Le vieillard se rassit et se couvrit le visage ; il resta indifférent au nouveau combat ; Lydon n'y participait pas. Cependant, une pensée traversa son esprit... Ce combat avait pour lui un grand intérêt... Le premier qui succomberait ne serait-il pas remplacé par Lydon ? Il tressaillit et, le corps penché, les yeux tout grands ouverts, les mains jointes, il suivit les mouvements des gladiateurs.

Niger et Sporus se tenaient à une distance considérable l'un de l'autre. Le casque singulier que portait Sporus avait sa visière baissée et lui cachait le visage ; mais les traits de Niger, à découvert, concentraient les regards ; leur férocité vigilante possédait une terrible puissance d'attraction. Les deux adversaires s'observèrent d'abord mutuellement ; puis Sporus commença à s'avancer lentement et avec une prudence extrême, tenant la pointe de son épée dirigée contre la poitrine de son ennemi, comme dans l'escrime moderne. Rassemblant son filet de la main droite, Niger reculait à mesure que son adversaire avançait, sans détacher un instant son petit œil étincelant des moindres gestes de celui-ci ; tout à coup, dès que Sporus se fut approché à portée de son bras, le rétiaire se jeta en avant et lança son filet : une prompte inflexion du corps sauva le gladiateur du redoutable piège ; il poussa un cri aigu de joie et de rage mêlées et se précipita sur Niger ; mais Niger avait déjà retiré son filet, qu'il avait jeté sur ses épaules, et il courait autour de l'arène avec une rapidité que son poursuivant essayait vainement d'égaler. Le peuple rit et applaudit beaucoup en voyant les vains efforts du gladiateur aux larges épaules pour rejoindre le géant qui fuyait devant lui ; mais à cet instant, l'attention se tourna du côté des deux combattants romains.

Ils s'étaient placés d'abord face à face, à la distance où l'on se met de nos jours pour un assaut d'armes ; mais la prudente lenteur qu'ils mettaient à s'engager pour de bon avait laissé aux spectateurs le temps de s'intéresser de nouveau à Sporus et Niger. Les deux Romains en étaient venus aux mains avec toute l'ardeur désirable ; ils s'attaquaient, se défendaient, avançaient, reculaient avec ces précautions scrupuleuses et presque imperceptibles qui caractérisent deux hommes expérimentés et de force égale. Eumolpus, le plus vieux des gladiateurs, par un habile coup de seconde, réputé très difficile à éviter, venait de blesser Nepimus au côté ; le peuple applaudit ; Lépidus devint pâle.

« Oh ! dit Claudius, c'est une affaire réglée. Eumolpus n'a plus maintenant qu'à ferrailler tout doucement et à laisser l'autre perdre tout son sang.

— Oui ; mais grâce aux dieux, il ne se modère pas ; voyez comme il presse Nepimus. Par Mars ! Nepimus l'a touché, le casque a résonné de nouveau. Claudius, je gagnerai ! »

« J'ai bien tort ; je ne devrais parier qu'au jeu de dés, se dit Claudius à lui-même ; pourquoi ne peut-on pas piper un gladiateur ? »

« Bravo, Sporus ! Bravo, Sporus ! » cria la populace en s'apercevant que Niger, qui s'était arrêté, avait de nouveau lancé en vain son filet ; il ne s'était pas enfui cette fois avec assez d'agilité, et l'épée de Sporus lui avait entaillé la jambe droite assez gravement ; ne pouvant plus fuir, il était pressé par son féroce adversaire. Sa haute taille et la longueur de son bras continuaient néanmoins à lui donner d'assez grands avantages ; et, pointant son trident sur le front de son ennemi, il le força à reculer plusieurs fois. Sporus essaya alors de le surprendre en tournant avec une grande agilité autour de lui ; Niger, blessé, ne pouvait lui faire face qu'avec une certaine lenteur ; mais Sporus se laissa emporter et s'avança trop près du géant ; il leva son bras pour le frapper et les trois pointes du trident lui entrèrent au même instant dans la poitrine. Sporus tomba sur un genou ; le fatal filet l'enveloppa sur-le-champ. Il essaya en vain de se débarrasser de ses mailles ; les coups répétés du trident l'accablèrent ; son sang coula à flots à travers le filet et rougit le sable ; il croisa les bras en signe de défaite.

Le rétiaire triomphant retira le filet, et, s'appuyant sur son trident, consulta l'assemblée du regard en quête de jugement. Le gladiateur vaincu roula lui aussi des yeux à demi voilés autour du théâtre, de rang en rang, de banc en banc ; on le contemplait sans témoigner la moindre pitié.

Les clameurs avaient cessé et le silence régnait, implacable. Pas une main, pas même une main de femme ne s'éleva en signe de miséricorde pour demander grâce. Sporus n'avait jamais été populaire dans l'arène ; un moment auparavant, la blessure de Niger avait excité l'intérêt. Le peuple était chauffé par la vue du sang : les combats simulés ne lui suffisaient plus. L'intérêt s'était élevé jusqu'au désir de l'immolation, à la soif de la mort.

Le gladiateur comprit que sa destinée était décidée ; il ne proféra aucun soupir, aucune prière. Le peuple donna le signal de la mort. Sporus, avec une soumission où la souffrance le disputait au courage, inclina la tête pour recevoir le coup fatal. Mais comme le trident du rétiaire n'était pas une arme convenable pour infliger une mort certaine et instantanée, une silhouette effrayante et sinistre, brandissant une épée courte à la lame effilée, entra dans l'arène, la figure entièrement cachée sous sa visière baissée. D'un pas mesuré et solennel ce funèbre exécuteur s'approcha du gladiateur à genoux, plaça la main gauche sur la tête humiliée, posa le tranchant du glaive en travers de son cou, et interrogea des yeux l'assemblée, afin de s'assurer qu'aucun ultime remords ne lui faisait changer d'avis. Comme il n'en était rien, le glaive étincelant s'abattit, et le gladiateur roula sur le sable ; ses membres s'agitèrent convulsivement, puis rien ne bougea plus. Son corps fut entraîné hors de l'arène, par la porte de la Mort, et jeté dans l'obscure cellule du spoliarium. La lutte entre les deux autres combattants était également terminée. L'épée d'Eumolpus avait porté une blessure mortelle à son adversaire moins expérimenté que lui : une nouvelle victime s'ajouta au réceptacle du carnage.

Un même mouvement agita la nombreuse assemblée ; le peuple content respirait plus à l'aise. Une pluie odorante fut lancée pour rafraîchir les spectateurs, et, sous son effet bienfaisant, chacun dit son mot sur le spectacle sanglant qui venait d'avoir lieu. Eumolpus ôta son casque et essuya son front. Ses cheveux bouclés, sa courte barbe, ses nobles traits romains et son œil brillant et noir conquirent l'admiration générale ; il était dispos, sans blessure, il ne paraissait pas fatigué.

L'editor s'arrêta et proclama tout haut que la blessure de Niger l'empêchait de rentrer dans l'arène. Lydon devait succéder à Nepimus qui venait d'être tué, et combattre à son tour Eumolpus.

« Cependant, Lydon, ajouta-t-il, si tu préfères refuser le combat avec un homme si brave et si éprouvé, tu en as le droit. Eumolpus n'est pas l'adversaire qui t'était d'abord destiné, tu sais mieux que personne si tu es en état de te mesurer avec lui. Si tu succombes, ce ne sera pas sans gloire ; si tu triomphes, je doublerai de ma propre bourse la récompense qui t'est destinée. »

Le peuple fit éclater de grands applaudissements... Lydon se tenait dans la lice : il regarda autour de lui, et aperçut au loin, sur les gradins les plus élevés, la figure pâle et les yeux fixes de son vieux père ; il demeura irrésolu un moment. Sa victoire n'était pas suffisante... il n'avait pas encore remporté le prix qu'il voulait... son père était encore esclave.

« Noble édile, dit-il d'un ton ferme, je ne recule pas devant ce combat... Pour l'honneur de Pompéi, je demande qu'un homme instruit par son célèbre lanista combatte le Romain.

— Quatre contre un pour l'autre, dit Claudius à Lépidus.

— Je n'accepterais pas vingt contre un. Eumolpus est un véritable Achille et ce pauvre garçon n'est qu'un débutant. »

Alors, tous deux, revêtus d'armures, l'épée tirée, la visière baissée, se mirent en face l'un de l'autre. Ils étaient les derniers combattants avant l'entrée des bêtes sur la piste.

À cet instant, un des employés de l'arène remit une lettre au préteur, qui en retira aussitôt l'enveloppe et la parcourut des yeux ; ses traits exprimèrent la surprise et l'embarras. Il lut de nouveau et murmura : « Allons, c'est impossible ; il fallait que cet homme fût ivre dès le matin pour écrire de pareilles folies... » Il mit la lettre de côté, et s'apprêta à suivre le nouveau combat.

L'intérêt du public était vivement excité. Eumolpus s'était d'abord concilié la faveur générale, mais l'intrépidité de Lydon et son heureuse allusion à l'honneur du lanista de Pompéi avaient fait pencher tous les cœurs en sa faveur.

« Eh bien, vieux camarade, dit le voisin de Médon au pauvre père, voilà votre fils bravement engagé de nouveau ; mais ne craignez rien ; l'editor ne permettra pas qu'on le tue, ni le peuple non plus ; il s'est comporté noblement. Ah ! voilà un fameux coup... bien paré, par Pollux ! La riposte, Lydon !... Ils s'arrêtent pour respirer... Qu'est-ce que vous murmurez donc, vieux père ?

— Des prières, répondit Médon avec plus de calme et un maintien qui indiquait une confiance accrue.

— Des prières... bagatelles ! Les temps ne sont plus où les dieux dérobaient les hommes dans un nuage. Ah ! Jupiter ! quel coup... ton côté... ton côté... ton côté... prends garde à ton côté, Lydon ! »

Une crainte convulsive avait fait frémir l'assemblée. Un terrible coup d'Eumolpus, porté sur la tête de Lydon, l'avait fait tomber sur le genou.

« Il a son compte ! » cria une petite voix de femme.

C'était la voix de la jeune fille qui avait désiré si vivement qu'on trouvât des criminels pour les bêtes.

« Silence ! dit la femme de Pansa avec autorité, il n'est pas blessé. »

Pendant ce temps-là, Lydon, qui s'était défendu jusqu'alors avec autant d'habileté que de courage, commença à reculer devant les vigoureuses attaques du Romain expérimenté ; son bras était fatigué, ses yeux étaient obscurcis, il respirait avec peine. Les combattants s'arrêtèrent pour reprendre haleine.

« Jeune homme, dit Eumolpus à voix basse, cède... je te blesserai légèrement, tu baisseras les bras... Tu as acquis la sympathie de l'editor et du peuple, tu seras épargné sans déshonneur.

— Et mon père restera esclave ? murmura Lydon. Non, la liberté ou la mort ! »

À cette pensée, et voyant que ses forces ne viendraient jamais à bout du Romain, et que sa seule chance de victoire résidait désormais en un effort soudain et désespéré, il s'élança sur Eumolpus. Le Romain rompit aussitôt. Lydon essaya une nouvelle attaque. Eumolpus se jeta de côté… l'épée n'atteignit que la cuirasse… La poitrine de Lydon se trouva exposée. Le Romain plongea dans le défaut de la cuirasse, sans avoir néanmoins le dessein de porter une blessure mortelle. Lydon, faible et épuisé, tomba en avant, sur la pointe même de son adversaire, et fut percé d'outre en outre. Eumolpus retira la lame ; Lydon tâcha de regagner son équilibre. Son épée tomba de sa main, qui, désarmée, alla frapper seule son adversaire, et il roula sur l'arène. L'editor et l'assemblée, d'un commun accord, firent le signal de grâce ; les employés de l'amphithéâtre s'approchèrent ; ils ôtèrent le casque du vaincu, il respirait encore ; ses yeux étaient fixés d'un air farouche sur son ennemi ; toute la férocité que lui avait enseignée la fréquentation de l'arène s'y exprimait ; mais déjà la mort obscurcissait son front. Alors, avec un soupir convulsif et en essayant de se relever, il tourna les yeux vers le haut des gradins. Tout cet immense amphithéâtre semblait vide pour lui. Il ne reconnut qu'une figure pâle et douloureuse. Le cri d'un cœur brisé, au milieu des applaudissements de la populace, fut tout ce qu'on entendit. Une expression plus douce de tendresse filiale et désespérée se peignit sur ses beaux traits, puis s'évanouit. Sa figure reprit un air farouche, ses membres se roidirent ; il retomba à terre.

« Qu'on prenne soin de lui, dit l'édile ; il a fait son devoir. »

Deux hommes emportèrent son corps.

« Un bel exemple de la gloire et de ce qu'elle vaut », murmura Arbacès en lui-même ; et son œil, parcourant l'amphithéâtre, révélait tant de mépris, que tous ceux qui rencontraient ses regards en étaient saisis.

Des parfums délicieux furent répandus dans l'arène ; on renouvela le sable.

« Qu'on introduise le lion et Glaucus l'Athénien », ordonna Pansa.

Un silence profond, une terreur intense régnèrent aussitôt dans l'assemblée, qui semblait sous l'empire d'un terrible cauchemar.

Salluste s'était réveillé trois fois dans son sommeil du matin, et trois fois, en se rappelant que son ami devait mourir ce jour-là, il avait soupiré profondément, et s'était retourné sur son lit pour tâcher de retrouver momentanément l'oubli... Son seul but, dans la vie, était d'éviter le chagrin et, lorsqu'il ne pouvait pas l'éviter, de l'oublier.

Enfin, ne pouvant plus faire taire sa peine, il se souleva sur sa couche et aperçut son affranchi favori à côté de lui, comme d'habitude ; car Salluste, qui avait le goût des belles-lettres, se faisait faire des lectures le matin avant de se lever.

« Pas de livres aujourd'hui, dit-il, pas même Tibulle ! L'amphithéâtre est-il ouvert, les jeux ont-ils commencé ?

— Depuis longtemps, Salluste. N'avez-vous pas

entendu les trompettes et le bruit de la foule qui se rendait au cirque ?

— Si ; mais, grâce aux dieux, j'étais assoupi et je n'ai eu besoin que de me retourner pour me rendormir.

— Les gladiateurs combattent sans doute depuis longtemps.

— Les malheureux ! Pas un de mes gens n'est allé à ce spectacle ?

— Non, assurément, vos ordres étaient sévères.

— C'est bien ; que ce jour n'est-il passé ! Quelle lettre est sur cette table ?

— Cette lettre ?... Ah ! celle qu'on vous a apportée hier, lorsque vous étiez trop... trop...

— Trop ivre pour la lire, je suppose. N'importe, elle ne doit pas être d'une grande importance.

— L'ouvrirai-je, Salluste ?

— Ouvre ! Ne fût-ce que pour détourner le cours de mes pensées... Pauvre Glaucus ! »

L'affranchi ouvrit la lettre.

« Quoi ! elle est écrite en grec ! s'exclama-t-il... C'est une dame instruite, je suppose. »

Il parcourut la lettre, et, pendant quelques instants, ne déchiffra pas aisément les lignes irrégulières tracées par la jeune aveugle ; tout à coup sa physionomie prit une expression d'émotion et de surprise.

« Grands dieux, noble Salluste ! Qu'avons-nous fait en négligeant cette lettre quand elle est arrivée ! Écoutez ce qu'elle vous apprend :

"Nydia, l'esclave, à Salluste, l'ami de Glaucus :

“Je suis prisonnière dans la maison d’Arbacès. Hâte-toi d’aller trouver le préteur, fais-moi délivrer et nous sauverons Glaucus du lion... Il y a dans ces murs un autre prisonnier dont le témoignage peut décharger l’Athénien de l’accusation portée contre lui. Quelqu’un qui a vu le crime... qui peut prouver que le criminel est un misérable qu’on n’a pas soupçonné jusqu’à ce jour. Va, hâte-toi, hâte-toi... Amenez avec vous des hommes armés, de crainte qu’on ne fasse résistance... ainsi qu’un serrurier habile et vigoureux, car le cachot de mon compagnon d’infortune est difficile à enfoncer... Oh ! par ma main droite et par les cendres de mon père, qu’il n’y ait pas un moment de perdu !”

— Grand Jupiter ! s’écria Salluste en sautant en bas de sa couche, Glaucus est peut-être sur le point de mourir... Que faire ? Courons chez le préteur !

— Non, interrompit l’affranchi, le préteur, tout comme Pansa lui-même, est trop soumis à la populace ; et celle-ci ne voudra pas entendre parler de délai. D’ailleurs, le contenu de cette lettre mis au jour, l’Égyptien se tiendrait sur ses gardes. Il a évidemment quelque intérêt dans ce mystère. Non, nous avons autre chose à faire ; par bonheur, tes esclaves sont tous à la maison.

— Je comprends ta pensée, coupa Salluste, que mes esclaves s’arment sur-le-champ ! Les rues sont vides. Nous allons nous rendre nous-mêmes à la maison d’Arbacès et délivrer les prisonniers. Holà, Dave ! Voici un mot au préteur pour le prier de suspendre, pendant une heure seulement, l'exécution de Glaucus. »

Glaucus et Olynthus avaient été placés ensemble dans l'étroite et sombre cellule où les criminels de l'arène attendaient leur dernière heure.

« Entendez-vous leurs applaudissements ? Ils hurlent en voyant couler le sang humain, dit Olynthus.

— Je les entends, mon cœur en souffre ; mais les dieux me soutiennent.

— Les dieux ! Ô jeune insensé ! À cette heure, ne reconnais qu'un seul Dieu ! Ne t'ai-je pas donné mes enseignements dans le cachot ? N'ai-je pas pleuré pour toi, prié pour toi ? Dans mon zèle et dans mon agonie, ne me suis-je pas plus occupé de ton salut que du mien ?

— Brave ami, répondit Glaucus, je t'ai écouté avec respect, avec une secrète sympathie pour tes convictions. Si nos existences avaient été épargnées, j'aurais peut-être, par degrés, renoncé à mes anciennes croyances pour me rapprocher des tiennes ; mais, en cette dernière heure, ce serait de ma part une lâcheté d'accorder à la terreur ce qui doit être le résultat de longues méditations. Non, Olynthus, ayons l'un pour l'autre une égale charité ! J'honore ta franchise ; aie pitié de mon aveuglement et de mon courage endurci ! Telles ont été mes actions et telle sera ma récompense. Mais ne parlons plus de cela. Ne les entends-tu pas qui traînent je ne sais quel corps pesant dans le passage ? Nos corps aussi tout à l'heure ne seront que des cadavres.

— Ô Christ ! déjà je vous vois, s'écria le fervent Olynthus en levant les mains. Je ne tremble pas. Je me réjouis car la porte de ma prison sera bientôt ouverte. »

Glaucus baissa la tête en silence. Il comprenait la différence qui existait entre son courage et celui de son compagnon d'infortune : le païen ne tremblait pas ; le chrétien se réjouissait. La porte grinça et s'ouvrit. Les lances brillaient le long des murs.

« Glaucus, l'Athénien, c'est à toi, dit une voix claire, le lion t'attend.

— Je suis prêt, dit l'Athénien. Mon frère, mon compagnon... Bénis-moi et adieu ! »

Le chrétien ouvrit ses bras. Il serra le jeune païen sur son cœur, il lui baisa le front et les joues... Il sanglota... Ses larmes coulèrent à flots brûlants sur le visage de son nouvel ami.

« Oh ! si j'avais eu le bonheur de te convertir, je ne pleurerais pas. Oh ! comme j'aimerais te dire : nous nous retrouverons cette nuit au paradis !

— Cela peut encore être ainsi, dit Glaucus. Ceux que la mort ne sépare pas se rencontreront sans doute au-delà de la tombe. Mais, sur cette terre, sur cette terre si belle et si aimée, adieu pour toujours. Geôlier, je te suis. »

Lorsque Glaucus se retrouva au grand air, le souffle des cieux aride et chaud, quoiqu'il n'y eût pas de soleil, lui parut desséchant. Son corps, à peine rétabli encore des effets du fatal breuvage, frissonna et chancela. Les gardes de l'arène le soutinrent.

« Courage, dit l'un d'eux : tu es jeune, adroit, bien

proportionné. On te donnera une arme ; ne désespère pas, et tu peux triompher. »

Glaucus ne répondit pas ; mais honteux de cette faiblesse, il fit un violent effort sur lui-même et retrouva la fermeté de ses nerfs. On oignit son corps complètement nu, dont seule une ceinture entourait les reins, on lui mit un style – arme dérisoire ! – dans la main, et on le conduisit dans l'arène.

Alors, lorsque le Grec vit les yeux de mille et mille personnes fixés sur lui, il oublia qu'il était mortel. Toute apparence de crainte, toute crainte elle-même avait disparu. Son visage, si pâle, se couvrit d'une vive rougeur. Il se redressa de toute la hauteur de sa taille imposante. L'élasticité de ses membres, la grâce de sa personne, la sérénité de son front, son air dédaigneux, la noblesse d'âme qui transparaissait dans son attitude et dans le mouvement de ses lèvres, tout attestait en lui la puissance de son courage ; en lui, semblaient réunies à cet instant, incarnation vivante du culte qui leur était dû, toute la valeur et la gloire de ses aïeux !

Le murmure de haine et d'horreur qui, à son entrée, s'était levé à la pensée de son crime, expira dans un silence d'admiration involontaire et de compassion respectueuse ; les spectateurs détournèrent leurs regards de l'Athénien pour les diriger sur la cage du lion, qu'on venait d'apporter au centre de l'arène.

Le lion, privé de nourriture pendant vingt-deux heures, avait toute la matinée témoigné un singulier malaise, une vague inquiétude, que son gardien attribuait aux angoisses de la faim. Mais son air exprimait plutôt la crainte que la fureur. Ses rugissements étaient sinistres et plaintifs. Il penchait la tête, respirait à travers les barreaux, puis se couchait, se relevait, et poussait de nouveau des gémissements sauvages qui s'entendaient au loin. Pour le moment, il demeurait au fond de sa cage, immobile et silencieux, les naseaux ouverts appuyés contre la grille, et sous sa puissante respiration, faisait voler çà et là le sable de l'arène.

Les lèvres de l'editor frissonnèrent et ses joues pâlirent. Il jetait les yeux autour de lui avec anxiété. Il hésitait ; il attendait. Enfin, la foule se montra impatiente. Il se décida à donner le signal. Le gardien qui était devant la cage en ouvrit la porte avec précaution, et le lion sortit en poussant un rugissement de joie devant sa liberté retrouvée. Le gardien se retira promptement à travers le passage fermé d'une grille, qui formait une des issues de l'arène, et laissa la bête avec sa proie.

Glaucus avait ployé ses membres de manière à s'affermir de son mieux pour résister au premier assaut de l'animal. Il tenait levée son arme, étincelante mais si petite, dans la faible espérance qu'un coup bien appliqué – car il savait qu'il n'avait le temps que d'en donner un seul – pourrait pénétrer par l'œil dans le cerveau de son redoutable ennemi.

Mais, à la surprise de tous, l'animal ne parut même pas se douter de la présence de son adversaire.

Au premier moment de sa délivrance, il s'arrêta brusquement dans l'arène, se souleva sur les pattes de derrière, aspira l'air avec des marques d'impatience, puis s'élança en avant, mais non pas sur l'Athénien. Il fit plusieurs fois en courant le tour de l'arène, secouant sa large tête de côté et d'autre, avec un regard inquiet et troublé, comme s'il eût cherché quelque issue pour s'échapper ; une ou deux fois il essaya de franchir le parapet qui le séparait de l'assemblée, et fit entendre, en retombant, plutôt un hurlement de mauvaise humeur que son habituel rugissement, profond et royal. Il ne donnait aucun signe de faim ni de colère : sa queue balayait le sable, au lieu de battre ses flancs, et son œil, quoiqu'il roulât quelquefois du côté de Glaucus, se détournait de lui aussitôt. Enfin, comme lassé de chercher vainement à s'échapper, il rentra avec un grognement plaintif dans sa cage et se recoucha.

La première surprise de l'assemblée, en voyant l'apathie du lion, se changea bientôt en ressentiment contre sa lâcheté ; et la pitié qui s'était déclarée un moment pour Glaucus devint un véritable dépit. L'editor appela le gardien.

« Qu'est-ce que cela veut dire ? Prenez l'aiguillon[1], forcez-le à sortir, et puis fermez la porte de sa cage. »

Alors que le gardien se disposait à obéir, on entendit un cri à l'une des entrées de l'arène ; il y eut une confusion, un trouble... quelques remontrances s'élevèrent, mais une réplique les fit taire. Tous les yeux se tournèrent du côté où cette irruption venait de se produire : alors la foule, en cet endroit, s'ouvrit et Salluste apparut soudain sur le banc sénatorial, les cheveux en désordre, haletant, à demi épuisé !

1. Bâton pointu utilisé pour faire avancer les bêtes de trait.

« Faites sortir l'Athénien de l'arène, s'écria-t-il ; vite, dépêchez-vous, il est innocent ! Arrêtez. Arbacès l'Égyptien ; le meurtrier d'Apœcides, c'est lui !

— Êtes-vous fou, Salluste ? s'écria le préteur en se levant de son siège. D'où vient ce délire ?

— Éloignez l'Athénien, éloignez-le vite, ou son sang retombera sur vos têtes. Préteur, suspends l'exécution, ou ta vie en répondra devant l'empereur. J'amène avec moi un témoin de l'assassinat du prêtre Apœcides... Peuple de Pompéi, lève tes yeux sur Arbacès... Faites place au prêtre Calénus ! »

Pâle, hagard, en homme à peine sorti des dents de la famine et de la mort prochaine, la mine ravagée, les yeux ternes comme ceux d'un vautour, son corps puissant passé à l'état de squelette, Calénus se vit porté sur le banc même où Arbacès était assis.

« Le prêtre Calénus !... Calénus ! cria la foule... Est-ce bien lui ? Non, c'est son spectre...

— C'est bien le prêtre Calénus ! dit le préteur gravement. Qu'as-tu à dire ?

— Arbacès l'Égyptien est le meurtrier d'Apœcides, le prêtre d'Isis. Mes yeux l'ont vu porter le coup. C'est du cachot où il m'a plongé, c'est de l'obscurité et de l'horreur de la mort par la famine, que les dieux m'ont retiré pour dénoncer son crime. Éloignez l'Athénien de l'arène... Il est innocent.

— C'est donc pour cela que le lion l'a épargné lui-même... Un miracle ! un miracle ! s'écria Pansa.

— Un miracle ! un miracle ! répéta le peuple... Délivrez l'Athénien, Arbacès au lion ! »

Et ce cri retentit de la colline à la vallée, du rivage à la mer... « Arbacès au lion ! »

« Gardes, ramenez l'accusé Glaucus ; ramenez-le-moi, mais veillez sur lui, dit le préteur. Les dieux prodiguent aujourd'hui leurs merveilles. »

Quand le préteur donna cet ordre de délivrance, il y eut un cri de joie, un cri de femme, un cri d'enfant qui remua les cœurs et répandit partout son puissant magnétisme, tant était touchante et pure la voix de la jeune fille qui l'avait proféré ! La populace entière y répondait par un puissant écho, avec une vive et flatteuse sympathie.

« Silence, dit le préteur, qui est là ?

— La jeune fille aveugle, Nydia, répliqua Salluste ; c'est sa main qui a ravi Calénus à la tombe et délivré Glaucus du lion.

— Nous nous occuperons d'elle après, dit le préteur. Calénus, prêtre d'Isis, tu accuses Arbacès du meurtre d'Apœcides ?

— Je l'accuse.

— Tu as vu le fait ?

— Préteur, de mes propres yeux.

— C'est assez pour le moment. Les détails doivent être réservés pour un autre lieu et pour un autre temps. Arbacès d'Égypte, tu entends l'accusation qu'on porte contre toi. Qu'as-tu à dire ? »

Les regards de la foule avaient été longtemps attachés sur Arbacès ; il avait montré quelque embarras à l'entrée de Salluste et à celle de Calénus ; aux cris d'« Arbacès au lion ! » il avait tremblé, et le bronze de ses joues avait pris une couleur plus pâle ; mais il recouvra bientôt sa hardiesse et son sang-froid ; il rendit un regard plein d'arrogance aux mille regards de la foule ; répondant à la question du préteur, il dit avec cet accent de tranquillité et le ton imposant qui lui étaient naturels :

« Préteur, cette accusation est si insensée qu'elle mérite à peine une réponse. Mon premier accusateur est le noble Salluste... un intime ami de Glaucus... Le second est un prêtre. Je révère sa robe et sa profession... mais, habitants de Pompéi, vous connaissez suffisamment le caractère de Calénus pour savoir que son amour de l'argent est proverbial... Le témoignage de pareils hommes peut s'acheter... Je suis innocent.

— Salluste, dit le magistrat, où avez-vous trouvé Calénus ?

— Dans le cachot d'Arbacès.

— Égyptien, dit le préteur en fronçant le sourcil, tu as osé emprisonner un prêtre des dieux ! Et pourquoi ?

— Écoute-moi, répondit Arbacès en se levant avec calme. Cet homme est venu me menacer de porter contre moi l'accusation qu'il vient de proférer, si je n'achetais pas son silence de la moitié de ma fortune, noble préteur, et toi, peuple... Je suis étranger dans votre pays... Je sais que je suis innocent du crime... mais le témoignage d'un prêtre contre moi aurait pu me perdre. Dans ma perplexité, j'ai enfermé Calénus en cette cellule où il a été trouvé, sous prétexte que c'était le lieu où je cachais mes trésors. J'avais l'intention de le délivrer aussitôt que le destin du vrai criminel serait accompli, et que ses menaces n'auraient plus été susceptibles de me nuire. J'ai eu tort, sans doute ; mais quel est celui parmi vous qui ne reconnaîtra pas le droit qu'a chacun de se défendre ? Si j'étais coupable, pourquoi ce prêtre n'en a-t-il pas témoigné au tribunal ?

« À ce moment-là, je ne l'avais pas encore emprisonné. Pourquoi n'a-t-il pas proclamé mon crime lorsque je proclamais celui de Glaucus ? Préteur... que répondre à cela ? Pour le reste, je m'abandonne à vos lois, je demande leur protection. Éloignez d'ici l'accusé et l'accusateur. Je consens volontiers à me soumettre au jugement du tribunal légitime. Ce lieu n'est pas fait pour la discussion.

— Il a raison, dit le préteur. Holà, gardes ! qu'on éloigne Arbacès, qu'on mette Calénus en lieu sûr. Salluste, vous répondrez de votre accusation. Que les jeux continuent.

— Quoi ! s'écria Calénus en se retournant vers le peuple. Isis sera-t-elle ainsi méprisée ? Le sang d'Apœcides criera-t-il en vain vengeance ? Retardera-t-on la justice pour mieux la bafouer plus tard ? Le lion sera-t-il privé de sa proie légitime ? Un dieu ! un dieu ! je sens qu'un dieu vous parle par ma bouche... Au lion !... Arbacès au lion ! »

Le corps du prêtre, que la faim avait terriblement affaibli, ne put supporter l'excès de ses sentiments rancuneux ; il tomba à terre dans d'étranges convulsions... L'écume inondait ses lèvres... Il ressemblait à un homme agité par un pouvoir surnaturel... Le peuple le vit tomber et frissonna.

« C'est un dieu qui inspire ce saint homme ! Au lion l'Égyptien ! »

Mille et mille personnes se levèrent en poussant ce cri... descendirent des hauteurs de l'amphithéâtre... et se précipitèrent dans la direction de l'Égyptien. En vain l'édile commandait, en vain le préteur élevait la voix et proclamait la loi, le peuple avait été rendu féroce par la vue du sang ; il en voulait davantage ; la superstition se mêlait à cette soif ardente. Excités, enflammés par le spectacle de leur victime, les habitants de Pompéi oubliaient l'autorité de leurs magistrats. Le pouvoir du préteur était un roseau au milieu du tourbillon. Cependant, à son ordre, les gardes s'étaient rangés le long des bancs inférieurs, sur lesquels les spectateurs des classes distinguées étaient assis, séparés du vulgaire : ce ne fut qu'une faible barrière ; les vagues de cette mer humaine s'arrêtèrent tout au plus pour laisser à Arbacès le temps de calculer l'instant précis de sa mort. Désespéré, et plein d'une terreur qui abaissait même son orgueil, il fixa ses yeux sur la foule qui s'avançait, grossissant toujours, lorsque, au-dessus d'elle, il aperçut, par l'ouverture des tentes, un étrange et terrible phénomène. Alors sa ruse et son savoir-faire vinrent en aide à son courage.

Il étendit sa main vers le ciel, et son front majestueux, ses traits empreints d'une autorité royale prirent une expression des plus solennelles et des plus imposantes.

« Regardez ! s'écria-t-il d'une voix de tonnerre qui domina les clameurs de la foule, regardez comme les dieux protègent l'innocent ! Les feux vengeurs d'Orcus protestent contre le faux témoignage de mon accusateur. »

Les yeux de la foule suivirent le geste de l'Égyptien,

et chacun vit avec un indicible effroi une immense vapeur qui s'élevait des sommets du Vésuve sous la forme d'un pin gigantesque au tronc noir, aux branches en feu ; et l'aspect de ce feu variait à tout moment : tantôt lumineux à l'excès, tantôt d'un rouge sombre et mourant, il se ravivait l'instant d'après avec un éclat que l'œil ne pouvait supporter.

Il se fit un silence de mort, un silence effrayant interrompu tout à coup par le rugissement du lion, auquel répondit derrière l'amphithéâtre le rugissement plus aigu et plus féroce de son compagnon de captivité. Le tigre et le lion semblaient les prophètes de la colère du ciel.

Alors on entendit sur le haut des gradins les cris des femmes : les hommes se regardaient les uns les auteurs, muets. Au même instant, ils sentirent trembler la terre sous leurs pieds. Les murs de l'amphithéâtre vacillèrent et, à quelque distance, les toits des maisons se heurtèrent et s'écroulèrent avec fracas ; le nuage de la montagne, sombre et rapide comme un torrent, parut rouler vers eux, et lança de son sein une pluie de cendres mêlées de fragments de pierres brûlantes. Sur les vignes abattues, sur les rues désolées, sur l'amphithéâtre lui-même, au loin et au large, et jusque dans les flots de la mer qu'elle agita, s'étendit cette pluie terrible !...

L'assemblée ne s'occupa pas davantage de la justice ni d'Arbacès... la seule pensée de chacun était sa propre sûreté... la seule pensée de chacun était sa propre sûreté... tous voulurent fuir, se pressant, se poussant, s'écrasant les uns les autres, marchant sans pitié sur qui tombait ; au milieu des plaintes, des pierres, des cris, cette foule énorme se précipita dans les nombreux vomitoires de l'amphithéâtre : mais où fuir ? Quelques-uns, prévoyant un second tremblement de terre, se hâtaient de reprendre le chemin de leurs maisons, afin de se charger de leurs objets les plus précieux et de chercher leur salut dans la fuite, pendant qu'il en était encore temps ; d'autres, craignant cette pluie de cendres qui tombait par torrents dans les rues, cherchaient un abri sous le toit des maisons proches, dans les temples, dans tous les lieux qui pouvaient les protéger contre les airs ; mais les nuages succédaient aux nuages, et l'obscurité s'épaississait. C'était une nuit effrayante qui s'imposait au beau milieu du jour.

Encore étonné du délai qu'on lui avait accordé, doutant d'être éveillé, Glaucus avait été conduit par les gardes de l'arène dans une petite cellule intérieure de l'amphithéâtre. On lui jeta une large robe sur le corps, on le félicita de ce miraculeux sursis. Un cri d'impatience retentit au-dehors de la cellule et la foule livra passage à une jeune fille, qui, conduite par une main charitable, vint se jeter aux pieds de Glaucus.

« C'est moi qui t'ai sauvé, s'écria-t-elle d'une voix oppressée : maintenant je peux mourir.

— Nydia, mon enfant, ma protectrice !

— Oh ! laisse-moi toucher ta main... Tu vis... nous ne sommes pas arrivés trop tard... Ah ! cette porte fatale, j'ai cru qu'elle ne céderait jamais... Calénus... Sa voix était celle du vent qui expire sur des tombes... Il a fallu attendre... attendre que le vin et la nourriture lui rendent un peu de force... Que le temps m'a paru long ! Mais tu vis, tu vis, et moi je t'ai sauvé... »

Cette scène touchante fut interrompue par la catastrophe.

« La montagne ! Le tremblement de terre !... » Tels étaient les cris qui résonnaient de tous les côtés... Les gardes s'enfuirent comme les autres, abandonnant Glaucus et Nydia pour se sauver.

Quand l'Athénien comprit le danger qui les menaçait, son cœur généreux songea à Olynthus. Lui aussi, il était délivré du tigre par la main des dieux, devait-il être abandonné à une mort aussi fatale que l'autre, dans sa cellule voisine ? Prenant Nydia par la main, Glaucus traversa les passages ; il arriva à la prison du chrétien ; il le trouva en prière.

« Lève-toi, mon ami, s'écria-t-il, et sauve-toi. Vois, la nature elle-même te délivre. »

Il conduisit dehors le chrétien étonné et lui montra un nuage qui s'avançait, de plus en plus sombre, vomissant des pluies de cendres et de lave, et lui fit prêter l'oreille aux cris et aux piétinements de la foule qui se répandait de toutes parts.

« Ceci est la main de Dieu ; que Dieu soit loué !

— Fuis, cherche tes frères, concertez-vous pour vous enfuir. Adieu. »

Olynthus ne répondit pas, il ne parut même pas s'apercevoir du départ de son ami. De hautes et solennelles pensées absorbaient son âme ; et, dans l'enthousiasme de son cœur reconnaissant, il célébrait la miséricorde de

Dieu, sans songer à trembler devant ce témoignage de sa puissance.

À la fin, il sortit de ses réflexions et se mit à courir sans savoir où il allait.

Les portes ouvertes d'une cellule sombre et désolée apparurent soudain à ses yeux ; une seule lampe en éclairait faiblement l'intérieur. À sa lueur il aperçut des corps nus et inanimés étendus sur la terre. Ses pas s'arrêtèrent, car parmi les horreurs du spoliarium, il venait d'entendre une voix prononcer tout bas le nom du Christ.

Il entra dans la cellule, ses pieds baignant dans des flots de sang que plusieurs cadavres répandaient sur le sable.

« Qui donc, dit le Nazaréen, invoque ici le nom de Dieu ? »

On ne répondit pas. Olynthus, en se retournant, aperçut à la lueur de la lampe un vieillard à cheveux blancs assis sur le sol, et soutenant sur son sein la tête d'un des morts. Les traits du cadavre avaient l'immobilité et la rigidité de ceux d'un homme qui vient d'entrer dans son dernier sommeil. Sur ses lèvres errait encore un fier sourire, non pas le sourire du chrétien calme et déjà touché par l'immortalité, mais l'amer sourire de la haine et du défi. Cependant la beauté de la première jeunesse éclairait encore les contours de ce visage ; les cheveux épais et lustrés ombrageaient de leurs boucles un front uni, et le duvet viril rendait plus blême encore le marbre des joues pâlies. Sur ce visage s'en penchait un autre où se peignait une inexprimable tristesse, un amour profond, un désespoir extrême ; les larmes du vieillard coulaient brûlantes et abondantes ; son enfant était mort ; il était mort pour lui, et il en avait le cœur brisé.

« Médon, dit Olynthus avec pitié, lève-toi et fuis, Dieu s'est avancé sur les ailes des éléments. La nouvelle Gomorrhe[1] subit sa destinée ; fuis, avant que le feu ne te consume.

— Il était si plein de vie, comment peut-il être mort ? Venez ici... placez votre main sur son cœur... son cœur doit battre encore.

— Frère... l'âme a fui... nous nous souviendrons de lui dans nos prières... tu ne peux ranimer cette muette argile... Viens, viens, écoute... pendant que je parle... le bruit de ces murs qui s'écroulent... écoute ces cris d'agonie... Viens.

— Je n'entends rien, dit Médon, secouant ses cheveux blancs ; le pauvre enfant, c'est son amour pour moi qui l'a tué. Qui voudrait séparer le père du fils ? »

Médon serrait étroitement le corps dans ses bras et le couvrait de ses baisers avec ardeur.

« Va, dit-il à Olynthus, laisse-nous seuls.

— Hélas ! répondit le Nazaréen compatissant, la mort vous a déjà séparés. »

Le vieillard sourit avec calme.

« Non, non, murmura-t-il, et sa voix s'affaiblissait à chaque mot ; la mort a été plus généreuse. »

Sa tête alors s'inclina sur sa poitrine... ses bras laissèrent tomber leur fardeau... Olynthus le prit par la main... Le pouls avait cessé de battre... les dernières

1. Ville détruite par la colère de Dieu, comme Sodome.

paroles du père étaient vraies : la mort avait été plus généreuse.

Cependant Glaucus et Nydia traversaient rapidement les rues, les périlleuses et terribles rues. L'Athénien avait appris de sa libératrice qu'Ione était encore dans la maison d'Arbacès ; il y courut pour la délivrer. Les quelques esclaves que l'Égyptien avait laissés dans sa demeure, lorsqu'il était sorti avec son long cortège pour se rendre à l'amphithéâtre, n'avaient pu résister à la bande armée de Salluste, et dès qu'ils avaient vu le volcan en éruption, ils s'étaient retirés pleins d'effroi et pêle-mêle dans les coins et recoins les plus abrités. Le gigantesque Éthiopien lui-même avait quitté son poste à la porte ; et Glaucus, qui avait laissé Nydia sur le seuil, la pauvre Nydia que la jalousie torturait toujours en cette heure épouvantable, traversa les salles sans rencontrer personne qui pût lui indiquer où était la chambre d'Ione.

L'obscurité qui couvrait le ciel s'épaississait si rapidement qu'il voyait à peine assez pour guider ses pas ; les colonnes entourées de guirlandes semblaient frémir et vaciller ; une pluie de cendres s'abattit sur le péristyle découvert ; il monta aux chambres supérieures, haletant et répétant à grands cris le nom d'Ione ; enfin il entendit à l'extrémité de la galerie une voix, sa voix, qui répondait à son appel. S'élancer, briser la porte, saisir Ione dans ses bras, fuir de cette demeure, ce fut l'affaire d'un instant. À peine avait-il regagné le lieu où l'attendait Nydia qu'il entendit des pas s'avancer vers la maison et reconnut la voix d'Arbacès : il revenait chercher ses trésors, Ione comprise, avant de quitter la cité condamnée. Mais la nuit qui régnait était si profonde que les deux ennemis ne se virent pas, quoique si près l'un de l'autre ; Glaucus distingua seulement les contours flottants de la robe blanche de l'Égyptien.

Ils s'empressèrent de fuir... tous les trois... Hélas ! où allaient-ils ? Ils ne voyaient rien à un pas devant eux, tant les ténèbres devenaient épaisses. Ils étaient remplis d'incertitude et de terreur, et même Glaucus avait le sentiment que la mort à laquelle il venait d'échapper n'avait fait que changer de forme, ne fût-ce que pour multiplier le nombre de ses victimes !

La catastrophe soudaine qui avait rendu la liberté aux prisonniers, comme aux geôliers, avait promptement délivré Calénus des gardes auxquels le soin du préteur venait de le confier. Et, lorsque l'obscurité et la foule séparèrent le prêtre de ses surveillants, il dirigea ses pas tremblants vers le temple de la déesse. Comme il s'y rendait en tâtonnant, avant que la nuit fût complète, il se sentit tiré par sa robe, et une voix murmura à son oreille :

« Ah ! Calénus, quelle heure épouvantable !

— Qui es-tu ? Je ne distingue pas tes traits ; ta voix m'est étrangère.

— Ne reconnais-tu pas ton ami Burbo ?

— Dieux ! comme les ténèbres s'épaississent !... Pluton[1] se déchaîne sur la terre.

— Tais-toi donc ! Tu ne crois pas tout cela... Calénus, voici le moment de faire notre fortune... Ton temple est

1. Hadès chez les Grecs, surnom du dieu des Enfers et dieu des morts chez les Romains.

plein d'or et d'objets précieux. Chargeons-nous-en, courons à la mer, embarquons-nous, personne ne nous demandera jamais compte d'un jour comme celui-ci...

— Burbo, tu as raison ; suis-moi dans le temple et nous partagerons en camarades. »

Dans l'enceinte du temple, il y avait plusieurs prêtres rassemblés autour de l'autel, priant, pleurant, se prosternant la face contre la terre. Imposteurs lorsqu'ils n'avaient rien à craindre, ils redevenaient superstitieux au moment du danger. Calénus alluma une lampe, et aperçut du vin et des viandes sur une table, les restes d'un sacrifice. Il se jeta sur la nourriture, et mangea avec voracité.

La montagne venait de lancer des colonnes d'eau bouillante, mêlée de cendres chaudes, qui s'abattaient dans les rues, en une boue incandescente. À l'endroit même où les prêtres d'Isis s'étaient rassemblés autour des autels, où ils avaient vainement essayé d'allumer les feux sacrés et de brûler leur encens, le plus impétueux de ces torrents, accru d'énormes masses de scories[1], précipita son cours furieux. Il n'épargna pas les prêtres agenouillés. Il envahit en un clin d'œil les autels, courut sur le pavé de l'enceinte, et ensevelit à moitié les corps frémissants.

« Ils sont morts », dit Burbo, terrifié pour la première fois.

Les deux misérables se regardèrent l'un et l'autre...

1. Déchets solides de la fusion de minerais métalliques.

Quoique le moins courageux de nature, Calénus, qui était aussi le plus rapace, se remit le premier.

« Faisons vite et fuyons », dit-il à mi-voix. Il mit le pied sur le seuil, s'arrêta, se risqua sur le pavé brûlant, enjambant le corps de ses frères, et se dirigea vers la chapelle sacrée, en disant à Burbo de le suivre. Mais le gladiateur frissonna et recula.

« Tant mieux ! pensa Calénus, ma part sera double. » Il se chargea aussi promptement qu'il le put des trésors du temple, les plus faciles à emporter, et, sans songer davantage à son compagnon, s'élança hors de l'enceinte sacrée. À la faveur d'un grand éclair, lancé soudain par la montagne, Burbo, resté immobile sur le seuil, vit le prêtre qui s'enfuyait avec son fardeau. Il reprit courage ; il s'avança pour le rejoindre, lorsqu'une pluie de cendres épouvantable tomba à ses pieds. Le gladiateur se sentit de nouveau défaillir. L'obscurité l'environna ; la pluie continuait à tomber avec violence, amoncelant des amas de cendres et exhalant des vapeurs suffocantes et mortelles... Le malheureux ne pouvait plus respirer. Désespéré, il essaya de fuir... Les cendres le bloquaient sur le seuil... Mieux valait demeurer dans la cellule ; là au moins il était à l'abri de ce qui tombait du ciel. Il s'assit et serra les dents. Par degrés, l'atmosphère du dehors, étouffante et pestilentielle, pénétrait jusque dans la chambre ; il n'y pouvait plus résister. Ses yeux aperçurent alors une hache de sacrifice, il s'en empara et, déployant en un sursaut désespéré toute la force de son bras gigantesque, essaya de se faire un passage à travers les murs.

Le nuage qui avait répandu une si profonde obscurité s'était condensé en une masse solide et impénétrable. Mais à mesure que les ténèbres augmentaient, les éclairs qui partaient du Vésuve étaient plus formidables et plus lumineux. Leur horrible beauté ne se bornait pas aux couleurs habituelles du feu ; jamais arc-en-ciel n'égala leurs teintes changeantes. Tantôt elles paraissaient bleues comme l'azur le plus profond de la mer du Sud, tantôt vertes et tantôt livides comme la peau d'un serpent. Les éclairs affectaient parfois la forme et les replis de reptiles énormes, d'autres fois c'était un rouge ardent et intolérable, qui, éclatant à travers des colonnades de fumée, illuminait la ville entière, avant d'expirer tout à coup en une lueur pâle et fantomatique.

Chaque fois que cessaient les pluies de cendres et de scories, on entendait le fracas souterrain, et les vagues grondantes de la mer tourmentée ; ou, plus bas encore, le murmure sifflant des gaz qui s'échappaient des crevasses de la montagne lointaine. Par moments le nuage paraissait briser sa masse solide et offrir, à la lueur des éclairs, des formes humaines, plus ou moins monstrueuses, qui se poursuivaient, se heurtaient en un combat grotesque, puis s'évanouissaient dans le turbulent abîme des ténèbres.

Les cendres, en beaucoup d'endroits, s'élevaient à la hauteur des genoux, et la pluie bouillante qui sortait de la bouche enflammée du volcan entrait violemment dans les maisons, apportant avec elle une vapeur suffocante. En certains lieux, d'immenses fragments de rochers étaient précipités sur les toits des maisons, ensevelissant les rues sous des masses de ruines chaotiques et les rendant inaccessibles. Plus le jour s'avançait, plus l'agitation de la terre était sensible : le piéton chancelait sur le sol ; ni char ni litière ne pouvaient se tenir en équilibre, même sur le terrain le plus uni.

Fréquemment, à la lumière momentanée des torches, des groupes de fugitifs se rencontraient, les uns fuyant vers la côte, les autres de la côte vers les campagnes : la mer s'était retirée rapidement du rivage et de profondes ténèbres la recouvraient en entier. Désordonnés, éperdus, remplis de craintes surnaturelles, ces groupes passaient à côté les uns des autres sans avoir le loisir de se parler, de se concerter, de se conseiller car les pluies tombaient alors à des intervalles si rapprochés qu'elles éteignaient leurs torches et les forçaient à se disperser pour chercher un abri. À peine avaient-ils le temps d'apercevoir leurs faces semblables à celles des ombres. Tout ce qui faisait la civilisation était brusquement devenu dérisoire ; le voleur chargé de butin et riant, à gorge déployée, du profit que lui promettaient ces dépouilles, passait sans crainte à côté du puissant magistrat. Si dans l'ombre une femme était séparée de son mari, un père de son enfant, nulle espérance pour eux de jamais se retrouver. On se pressait, on s'enfuyait au hasard. De toutes les lois de la vie sociale il ne restait plus rien ; il n'y avait plus pour chacun qu'un unique souci : celui de sa propre conservation.

Accompagné d'Ione et de la jeune fille aveugle, l'Athénien poursuivait son chemin au milieu de cette débandade ; tout à coup des centaines de personnes, qui, comme eux, se rendaient vers la mer, les bousculèrent. Nydia fut arrachée à Glaucus, emporté en avant avec Ione ; et lorsque la foule, qu'ils n'avaient pu même entrevoir tant l'obscurité était profonde, eut passé, Nydia n'était plus auprès de son protecteur. Glaucus l'appela ; pas de réponse. Ils revinrent sur leurs pas ; ce fut en vain. Leur amie, leur libératrice était perdue, que dis-je ? leur guide ! Sa cécité lui rendait, à elle seule, la route familière... Accoutumée dans sa nuit perpétuelle à démêler le labyrinthe de la cité, elle les avait conduits, sans se tromper, vers les rivages de la mer, où ils avaient placé tout espoir de salut. Maintenant, de quel côté se dirigeaient-ils ? Tout était pour eux sans lumière et sans issue. Fatigués, désespérés, égarés, ils continuèrent néanmoins leur chemin, malgré les cendres qui tombaient sur leurs têtes, et les pierres, dont les fragments faisaient jaillir, dans leur chute, des étincelles à leurs pieds.

« Hélas ! murmura Ione, je ne puis plus marcher, mes pieds s'enfoncent dans les cendres brûlantes. Fuis, mon ami... mon bien-aimé ; laisse-moi à mon destin malheureux.

— Tais-toi, ma fiancée, mon épouse... La mort me serait plus douce avec toi que la vie sans toi. Mais, hélas ! où nous diriger dans cette obscurité ?...

— Ô Dieu ! ce rocher... tu as vu ? Il vient de briser un toit devant nous. La mort est partout dans les rues à présent...

— Béni soit cet éclair !... Regarde, Ione : voici le portique du temple de la Fortune[1] ; nous y serons en sécurité. »

Il la prit dans ses bras, et, avec beaucoup de peine et de difficulté, atteignit le temple. Il la porta à l'endroit le plus reculé du portique, et se pencha sur elle pour lui servir d'ultime abri contre les cendres et les pierres.

« Qui est là ? » interrogea une voix basse et tremblante, quelqu'un qui vraisemblablement les avait précédés dans ce refuge. « Mais qu'importe ! ajouta la voix aussitôt, les amis, les ennemis, ça ne compte plus, lorsque la fin du monde est là ! »

Ione se retourna à ces paroles et, dans un cri étouffé, se pressa entre les bras de Glaucus. Celui-ci jeta les yeux en direction de la voix, et découvrit ce qui l'effrayait tant : deux yeux étranges brillaient dans l'obscurité. Un éclair passa, qui illumina le temple. Alors, il aperçut le lion, celui-là même dont il eût dû être la proie. Il était au pied d'un des piliers, et à côté de lui, ignorant de ce voisinage, gisait le corps gigantesque de celui qui venait de leur parler... le gladiateur blessé, Niger.

L'éclair avait révélé à l'animal la présence de l'homme, et celle de l'animal à l'homme, mais leur instinct à tous les deux était assoupi. Bien plus, le lion s'approcha en rampant du gladiateur, comme à la recherche d'un compagnon, et le gladiateur ne recula ni ne trembla : la révolution de la nature avait dissous les terreurs et les sympathies ordinaires.

---

1. Temple de la déesse qui procure la richesse.

Pendant qu'ils se tenaient blottis dans leur abri si peu rassurant, un groupe d'hommes et de femmes, portant des torches, passa près du temple. Ils étaient de la congrégation des Nazaréens. Une émotion sublime et céleste leur avait épargné la frayeur terrestre. Ils avaient vécu, selon l'erreur des premiers chrétiens, dans la croyance que la fin du monde était proche. Ils estimaient ce jour venu.

« Malheur ! Malheur ! » cria d'une voix aiguë et perçante le vieillard qui les conduisait. « Voyez ! Dieu s'avance pour le Jugement ; il fait descendre le feu du ciel à la vue des hommes. Malheur ! Malheur à vous, les forts, les puissants ! Malheur à vous, porteurs de faisceaux et de pourpre ! Malheur à l'idolâtre et à l'adorateur de la bête. Malheur à vous qui répandez le sang des saints, et qui vous réjouissez de l'agonie du Fils de Dieu ! »

Et, d'une voix sinistre et soutenue, toute la troupe répéta en chœur :

« Malheur ! Malheur ! Malheur ! »

Les Nazaréens passèrent lentement ; leurs torches vacillaient dans la tempête, leurs voix proféraient des menaces et des avertissements solennels. Ils disparurent enfin dans les détours des rues : la nuit et le silence reprirent possession du temple.

S'avançant comme des prisonniers qui s'échappent d'un cachot, Ione et Glaucus continuèrent leur route incertaine. Partout où les cendres étaient sèches et ne se mélangeaient pas aux torrents bouillants que la montagne vomissait à intervalles irréguliers, la surface de la terre présentait une horrible et lépreuse blancheur. En d'autres lieux, les charbons et les pierres s'entassaient sur le corps de quelque malheureux fugitif, dont on apercevait les membres écrasés et mutilés. Les soupirs des mourants étaient interrompus par les cris plaintifs des femmes, cris rendus plus terribles encore par la pensée que, dans cette obscurité périlleuse, il était impossible de porter secours aux victimes. Et, dominant tous ces bruits, plus puissants et plus variés que les autres, ceux qui partaient de la montagne fatale, tempêtes, torrents, épouvantables explosions pas un seul instant ne cessaient ! Les vents apportaient dans les rues, toutes les fois qu'ils y soufflaient, des courants de poussière brûlante, et des vapeurs desséchantes et empoisonnées.

« Glaucus ! mon époux, soutiens-moi, serre-moi sur ton cœur... Je n'ai plus de force !

— Pour mon salut, pour ma vie, courage encore, ma douce Ione... Ma vie est liée à la tienne... tiens, regarde... des torches... de ce côté ! Comme elles bravent le vent !... Ce sont des fugitifs qui se rendent à la mer... Nous nous joindrons à eux. »

La montagne semblait au repos, ne se recueillant peut-être que pour exploser de plus belle d'un instant à l'autre ; les porteurs de torches s'avançaient.

« Nous sommes près de la mer, dit, d'une voix calme, celui qui les conduisait. Liberté et richesse à chaque esclave qui survivra ! Je vous répète que les dieux m'ont assuré que nous serions sauvés... »

Les torches répandirent une lueur rougeâtre sous les yeux de Glaucus et d'Ione. Quelques esclaves portaient des paniers et des coffres pesamment chargés ; Arbacès, une épée nue à la main, les dirigeait avec fermeté.

« Par mes pères, s'écria l'Égyptien, reconnaissant tout à coup Glaucus, le destin me sourit au milieu de ces horreurs ! Voilà que, parmi ces abominables scènes de douleur et de mort, il m'offre de nouvelles espérances de bonheur et d'amour. Arrière, Grec, je réclame ma pupille Ione.

— Traître, assassin ! Némésis t'a conduit ici pour ma vengeance : juste sacrifice aux ombres de Hadès[1], qui semble maintenant déchaîné sur la terre... Approche... touche seulement la main d'Ione et ton arme ne te sera pas plus utile qu'un roseau... »

Soudain la montagne, éblouissante et gigantesque au milieu des ténèbres qui l'entouraient comme les murs de l'enfer, ne fut plus qu'une pyramide de feu. Son sommet parut se séparer en deux ; ou plutôt laisser surgir deux figures monstrueuses qui se menaçaient l'une l'autre comme des démons se disputant un monde. Elles étaient couleur de sang et illuminaient au loin toute l'atmosphère ; mais au-dessous, au pied de la montagne, tout était sombre encore, excepté en trois endroits, où serpentaient des rivières irrégulières de lave fondue. D'un rouge vif entre leurs sombres bords, elles coulaient lentement vers la cité condamnée. Au-dessus de la plus large de ces rivières surgit une arche énorme, d'où, comme de la bouche de l'enfer, se déversèrent les sources d'un Phlégéthon subit. Et, à travers les airs tranquilles, on

1. Dieu des Enfers chez les Grecs (voir Pluton).

entendit le bruit des fragments de rochers roulant les uns sur les autres, à mesure qu'ils étaient emportés par ces cataractes de feu, obscurcissant pour un instant le lieu où ils tombaient, et se teignant, la seconde d'après, des couleurs enflammées du courant sur lequel ils flottaient.

Les esclaves poussèrent un grand cri et se couvrirent le visage ; l'Égyptien lui-même se figea ; l'atmosphère enflammée éclaira ses traits imposants et les pierres précieuses de sa robe. Derrière lui se dressait une haute colonne qui supportait la statue de bronze d'Auguste[1] ; et l'on eût dit que l'image impériale était changée en une image de feu.

Glaucus, la main gauche passée autour de la taille d'Ione, avait le bras droit levé en signe de défi, brandissant le style qui eût dû lui servir dans l'arène. Il attendait l'Égyptien.

Arbacès détourna ses yeux de la montagne et dévisagea l'Athénien. Il hésita un moment. « Pourquoi donc hésiter ? se dit-il ; les étoiles ne m'ont-elles pas prédit que la seule catastrophe que j'avais à redouter était passée ? »

« L'âme, cria-t-il, peut braver le naufrage des mondes et le courroux des dieux imaginaires ! Eh bien ! au nom de cette âme, je serai vainqueur jusqu'au bout. Esclaves, avancez ! Athénien, si tu me résistes, que ton audace retombe sur la tête. Je reprends Ione... »

Il fit un pas. Ce fut son dernier sur la terre. Le sol trembla sous lui avec une convulsion qui renversa tout à sa surface. Un fracas simultané retentit à travers la cité.

---

1. Premier empereur romain (a régné de 27 avant J.-C. à 14 après J.-C.).

C'étaient les toits et les colonnes qui tombaient de toutes parts. L'éclair, comme attiré par le métal, s'arrêta un instant sur la statue impériale, qui se brisa, bronze et marbre ; le bruit de sa chute s'entendit au loin ; le pavé se fendit sous ses éclats : la prophétie des étoiles était accomplie.

La violence du cataclysme étourdit quelque temps l'Athénien. Quand il reprit ses sens, la même lumière éclairait la scène ; la terre vacillait et s'agitait encore. Ione était étendue sans connaissance sur le sol ; mais il ne la voyait pas. Ses regards se fixèrent sur une figure effrayante qui paraissait sortir, séparée de son corps, des fragments de la colonne rompue, une figure où se peignaient l'agonie et le désespoir. Les yeux du fantôme se fermaient et s'ouvraient encore rapidement, comme si toute vie n'était pas tout à fait disparue ; ses lèvres frémissaient et se contractaient ; puis ses traits assombris se figèrent en une ultime expression d'horreur.

Ainsi périt le sage magicien, le grand Arbacès, l'Hermès à la Ceinture de feu, le dernier des rois d'Égypte.

Glaucus saisit de nouveau Ione dans ses bras, et courut au long de la rue encore illuminée ; mais une ombre épaisse envahit de nouveau les airs. Il reporta instinctivement ses regards vers la montagne et vit l'une des deux gigantesques crêtes de son sommet qui oscillait... Alors, dans un bruit dont aucune langue au monde ne pourrait donner une idée, elle roula de sa base, en avalanche de feu, et, au même instant, une énorme masse de fumée se répandit dans l'air, sur la terre et sur la mer.

Une autre, une autre encore, et puis encore une autre

pluie de cendres, chacune plus abondante que la précédente, achevèrent de jeter la désolation dans les rues. L'obscurité les enveloppait de nouveau comme un voile. Glaucus, que le courage abandonnait, se réfugia sous une arche, et, serrant Ione dans ses bras, se résigna à mourir.

Pendant ce temps-là, Nydia cherchait en vain à les rejoindre. En vain poussait-elle le cri plaintif et familier aux aveugles ; il s'égarait parmi les mille cris des terreurs égoïstes. Elle retourna plusieurs fois à l'endroit où elle les avait perdus ; vainement, elle s'attachait à chaque fugitif et s'informait de Glaucus ; mais, uniquement soucieux d'eux-mêmes, tous la repoussaient. Qui donc, à cette heure, avait une pensée pour son voisin ? Enfin, Nydia se dit que, puisqu'il avait été décidé de chercher le salut en s'embarquant, la chance la plus favorable qu'elle avait de retrouver ses compagnons était de prendre la direction de la mer ; mais ses pas étaient constamment arrêtés par la foule, qui tantôt se heurtait dans l'obscurité, tantôt se précipitait en désordre, lorsque les éclairs venaient lui montrer sa route ; enfin, un groupe de personnes portant des torches la renversa brutalement.

« Eh quoi ! dit une voix, c'est la jeune aveugle. Par Bacchus ! il ne faut pas la laisser mourir ici... une enfant si courageuse ! Lève-toi, ma petite Thessalienne ! Viens, viens... Es-tu blessée ? Non ! C'est bien ! Viens avec nous, nous allons au rivage.

— Ô Salluste, est-ce votre voix ? s'écria Nydia. Les

dieux soient loués ! Et Glaucus, Glaucus, l'avez-vous vu ?

— Non ; il est sans doute hors de la cité. Les dieux qui l'ont sauvé du lion le sauveront bien du volcan. »

En encourageant ainsi Nydia, l'aimable épicurien l'entraîna vers la mer, sans prendre garde aux supplications passionnées qu'elle lui adressait pour qu'il se mît à la recherche de Glaucus ; elle ne cessait de répéter avec l'accent du désespoir le nom chéri qui, au milieu du bruit furieux des éléments déchaînés, était comme une douce musique pour son cœur.

Salluste et sa troupe venaient d'atteindre l'entrée du sentier qui conduisait de la cité au port lorsqu'ils furent arrêtés par une immense foule ; plus de la moitié de la population s'y trouvait rassemblée ; des milliers d'êtres couraient à travers la campagne, sans savoir de quel côté fuir. La mer s'était retirée du rivage, et ceux qui y étaient accourus les premiers avaient été si épouvantés de l'agitation et du mouvement surnaturels des flots, qu'ils étaient revenus sur leurs pas, la terre leur offrant par comparaison un aspect encore moins effrayant. Ainsi les deux courants, de ceux qui allaient à la mer et de ceux qui en revenaient, se heurtèrent-ils, s'immobilisant dans l'incertitude et le désespoir.

Alors de nouveaux fugitifs arrivèrent, emportant les trésors abandonnés par leur maître ; les esclaves d'Arbacès se joignirent à la foule. Une seule de leurs torches brûlait encore ; elle était portée par Sosie, et sa lumière tombant sur la face de Nydia, il reconnut la Thessalienne.

« À quoi te sert la liberté, maintenant, jeune aveugle ? dit l'esclave.

— Peux-tu me donner des nouvelles de Glaucus ?

— Oui, je l'ai vu, il n'y a que quelques minutes.

— Que ta tête soit bénie ! Où cela ?

— Couché sous l'arbre du forum, mort ou mourant... »

Nydia ne prononça pas un mot ; elle se glissa, à l'insu de Salluste, au milieu des personnes qui étaient derrière elle et retourna vers la cité. Elle gagna le forum, l'arche ; se baissa ; elle chercha avec la main autour d'elle... elle appela Glaucus. Une voix faible répondit :

« Qui m'appelle ? Est-ce la voix des ombres ? Je suis prêt.

— Lève-toi, suis-moi, prends ma main, Glaucus, tu seras sauvé. »

Sans en croire ses oreilles, mais néanmoins rendu à l'espoir, Glaucus se leva.

« Nydia ! toujours toi ! Il ne t'est donc pas arrivé malheur ? »

La tendresse de sa voix, dans laquelle se révélait toute la joie qu'il éprouvait, toucha le cœur de la pauvre Thessalienne, et elle le bénit pour la pensée qu'il avait eue.

Moitié conduisant, moitié portant Ione, Glaucus suivit son guide. Avec quelle admirable habileté elle évita le sentier qui conduisait vers la foule qu'elle venait de quitter, et, par une autre route, atteignit le rivage !

Après beaucoup de pauses et une incroyable persévérance, ils gagnèrent la mer et rejoignirent un groupe qui, plus courageux que les autres, était résolu à se hasarder dans quelque nouveau péril plutôt que de continuer à assister, impuissant, à la catastrophe. Ils s'embarquèrent par la plus profonde obscurité ; mais, à mesure qu'ils s'éloignaient du rivage et voyaient la montagne sous de nouveaux aspects, ses torrents de lave projetaient sur les flots leur lumière rouge.

Épuisée, abattue, Ione dormait sur l'épaule de Glaucus, et Nydia était à ses pieds ; les pluies de poussières et de cendres continuaient à tomber sur les eaux et répandaient leur neige sombre sur la barque... Emportées au large par les vents, elles atteignirent les pays les plus lointains, stupéfièrent jusqu'au noir Africain lui-même, et roulèrent leurs tourbillons sur l'antique sol de la Syrie et de l'Égypte.

Dans le silence du sommeil général, Nydia se leva sans bruit et alla se pencher sur la tête de Glaucus ; elle baisa timidement et tristement son front et chercha sa main ; elle la trouva unie à celle d'Ione. Alors elle soupira profondément et son visage devint pâle. Elle baisa de nouveau son front et essuya avec ses cheveux la rosée nocturne dont il était couvert.

« Puissent les dieux te bénir, murmura-t-elle. Puisses-tu être heureux avec celle que tu aimes !... Puisses-tu aussi te souvenir parfois de Nydia !... »

Puis elle se glissa le long du tillac et des bancs de rameurs, jusqu'à l'extrémité opposée de la barque ; là elle s'arrêta et se pencha sur les flots. L'écume vint baigner son front que la fièvre brûlait.

« C'est le baiser de la mort, murmura-t-elle ; qu'il soit le bienvenu ! »

L'air embaumé se jouait dans ses cheveux dénoués ; elle les écarta de sa figure, et leva ses yeux sans lumière, mais si tendres, vers le ciel dont jamais ils n'avaient contemplé le spectacle apaisant.

« Non, non, dit-elle à mi-voix et d'un air rêveur, je ne puis plus supporter ce supplice ; je sens que cet amour jaloux me rendra folle... Je l'ai sauvé... Je l'ai sauvé deux fois... Pourquoi donc maintenant ne pas mourir heureuse ?... C'est la dernière pensée consolante que je puisse connaître... Ô mer sacrée, j'entends ta voix qui m'invite ; c'est un frais et joyeux appel... Le repos, le repos, le repos, il n'est pas d'autre Élysée pour un cœur comme le mien. »

Un matelot, assoupi sur le pont, entendit un bruit léger sur les eaux. Il ouvrit à moitié les yeux, et derrière la barque, qui bondissait joyeusement, il crut voir quelque chose de blanc flotter sur les vagues ; mais la vision s'évanouit aussitôt. Il se retourna, s'endormit, et rêva de sa maison et de ses enfants.

Lorsque Glaucus et Ione se réveillèrent, leur première pensée fut pour eux-mêmes, et la seconde pour Nydia. On ne la trouva pas. Personne ne l'avait vue depuis la nuit. On la chercha dans tous les recoins de la barque ; aucune trace de la jeune aveugle ! Mystérieuse depuis sa naissance jusqu'à sa mort, la Thessalienne avait disparu du monde des vivants. On pressentit en silence son sort ; et Glaucus et Ione, plus étroitement serrés, oublièrent un instant leur délivrance pour pleurer Nydia comme on pleure une sœur.

Épilogue

Lettre de Glaucus à Salluste, dix ans après la destruction de Pompéi

« Athènes. »

« Glaucus à son cher Salluste, salut et santé.

« Vous me demandez d'aller vous rendre visite à Rome. Non, Salluste, venez plutôt me voir à Athènes. J'ai quitté pour toujours la cité impériale, son immense tumulte et ses plaisirs profanes. J'habite à jamais mon propre pays. Le souvenir de notre grandeur déchue m'est plus cher que toutes les joies bruyantes de votre prospérité ! Il y a pour moi un charme que rien ne peut surpasser dans nos portiques encore tout peuplés d'ombres sacrées. J'entends toujours la voix de la poésie sous les oliviers de l'Ilissos, les vapeurs du crépus-

cule sur les hauteurs de Phylé[1] *me semblent à la fois les linceuls de notre liberté ensevelie, et les hérauts d'une liberté à naître, d'un matin à surgir... Vous souriez de mon enthousiasme, Salluste ? Il vaut mieux espérer voir briser ses fers que se résigner à les porter dorés. Vous croyez que je ne puis jouir de la vie dans ces mélancoliques retraites d'une majesté déchue ! Vous insistez sur les splendeurs romaines et sur le luxe de la cour impériale ; mon cher Salluste, je ne suis plus ce que j'étais. Les événements de ma vie ont assoupi le sang bouillant de ma jeunesse ; ma santé n'a jamais recouvré sa vigueur d'antan, lorsque je n'avais pas encore connu les angoisses de la maladie, ni langui dans l'obscurité d'un cachot réservé aux criminels... Mon esprit n'a jamais pu chasser tout à fait le sombre souvenir des derniers jours de Pompéi... l'horreur et la désolation de cette terrible catastrophe... l'image de notre bien-aimée Nydia, toujours regrettée. J'ai élevé une tombe à sa mémoire, et je vois ce monument chaque jour de la fenêtre de mon cabinet d'étude ; il conserve en moi son tendre souvenir, entretenant une douce tristesse, témoignage bien mérité par sa fidélité et les mystérieuses circonstances de sa mort. Ione cueille les fleurs, et ma main les tresse en guirlandes autour de sa sépulture. Elle était digne d'avoir un tombeau à Athènes.*

« Vous me dites combien la secte des chrétiens prend chaque jour plus d'importance à Rome. Salluste, je veux

---

1. Petite ville près d'Athènes.

*vous confier un secret. J'ai beaucoup réfléchi sur leur croyance. Je l'ai adoptée. Après la destruction de Pompéi, j'ai de nouveau rencontré Olynthus, sauvé pour un jour, hélas ! et devenu depuis le martyr de son indomptable énergie et de son zèle. Dans la manière miraculeuse dont j'avais été préservé du lion, et dans ce tremblement de terre, il me fit voir la main d'un dieu inconnu. Je l'écoutai, je crus, j'adorai. Ione, que j'aime plus que jamais, a embrassé aussi cette foi !... Une foi, Salluste, qui, répandant sa lumière sur ce monde, fait de ce glorieux coucher du soleil terrestre l'aube éclatante d'un monde nouveau promis à notre espoir. Nous savons que nous sommes frères, en âme aussi bien qu'en chair, pour toujours. Les siècles peuvent rouler, notre poussière peut se dissoudre, la terre peut se dessécher ; mais la roue de la vie continuera de tourner dans le cercle de l'éternité ! La vie est impérissable ; la vie est sans fin. La vertu, comme le soleil à la terre, prodigue à l'âme ses bienfaits ; elle lui procure une sécurité immortelle, qui est le sourire de la race de Dieu. Venez me voir, Salluste ; apportez avec vous les savants écrits d'*Épicure[1], de Pythagore[2], de Diogène[3] ; *armez-vous ne fût-ce que pour mieux être vaincu ; nous discuterons, dans les bosquets d'Academus, avec un guide plus sûr qu'aucun de ceux qui aient jamais été accordés à nos pères, sur les grands problèmes de l'âme et de la destinée.*

« Ione !... À ce nom, mon cœur palpite ; toujours Ione est à côté de moi. Pendant que j'écris, je lève les yeux et

1. Philosophe grec enseignant l'art de se suffire à soi-même.
2. Mathématicien grec (VIe siècle avant J.-C).
3. Célèbre philosophe cynique (423-327 avant J.-C).

je rencontre son sourire ; les rayons du soleil tremblent sur l'Hymette[1], *et j'entends dans mon jardin le bourdonnement des abeilles frémissantes. Vous me demandez si je suis heureux. Qu'est-ce que Rome peut me donner d'égal à ce que je possède dans Athènes ? Ici, toute chose éveille l'âme et inspire l'affection ; les arbres, les eaux, les montagnes, les nues, ce sont les biens d'Athènes, d'Athènes toujours belle, quoique expirante, mère de la sagesse et de la poésie du monde. Dans ma salle je vois les figures de marbre de mes ancêtres ; dans le Céramique*[2], *je contemple leurs tombes ; dans chaque rue je reconnais la main de Phidias*[3] *et l'âme de Périclès*[4]. *Si quelque chose peut me faire oublier que je suis Athénien, que je ne suis pas libre, c'est la tendresse, c'est l'amour attentif, empressé, incessant d'Ione... un amour qui a pris une nouvelle force dans notre nouvelle foi ; un amour qu'aucun de nos poètes, quel que soit leur génie, n'a pu décrire car, mêlé avec la religion, il participe de sa sainteté, il se confond avec les pensées les plus pures, les moins terrestres ; il est tel que nous gardons l'espoir de l'emporter avec nous dans l'éternité.*

« Et si cet amour me console en partie de la fièvre de liberté qui me brûle, ma religion me console encore davantage car toutes les fois que je veux prendre l'épée, et sonner la trompette, pour courir à un nouveau Marathon[5] *(hélas ! un Marathon sans victoire), je me sens désespéré à la*

---

1. Nom d'une colline près d'Athènes, célèbre pour le miel de ses abeilles.
2. Quartier d'Athènes consacré à un cimetière.
3. Grand sculpteur grec (490-430 avant J.-C).
4. Homme d'État grec (495-429 avant J.-C).
5. Petite cité à 40 km d'Athènes, connue pour le coureur venu à pied de Marathon annoncer la victoire des Grecs sur les Perses.

pensée de l'impuissance de mon pays ; ce poids écrasant des chaînes romaines est compensé du moins par l'idée que la terre n'est que le commencement de la vie ; que la gloire d'un petit nombre d'années compte peu dans la vaste étendue de l'éternité ; qu'il n'y a point de parfaite liberté jusqu'à ce que l'âme sorte de sa prison mortelle, et qu'elle a pour héritage et pour domaine l'espace et le temps.

« Voilà ma vie, Salluste, et voilà mes pensées ! Voilà de quelle façon je passe l'existence en attendant la mort. Et vous, aimable disciple d'Épicure ? Mais encore une fois, venez ici, venez voir quelles sont nos joies, quelles sont nos espérances ; et ni les splendeurs des banquets impériaux, ni les applaudissements de la foule au cirque, ni les bruits du forum, ni les séductions du théâtre, ni la magnificence des jardins, ni les voluptés des bains de Rome ne vous peuvent promettre une vie plus douce et plus heureuse que la vie actuelle de l'Athénien Glaucus. Cessez donc de la prendre en pitié car il n'y a assurément pas de quoi ! Adieu. »

Dix-sept siècles environ ont passé sur la cité de Pompéi avant qu'elle sortît, toute brillante encore des couleurs de la vie, du fond de sa tombe silencieuse[1], avec ses murs frais comme s'ils étaient peints de la veille ; la riche mosaïque de ses pavés dont aucune teinte ne s'était effacée ; dans son forum, des colonnes à moitié achevées, telles qu'elles avaient été laissées par la main de l'ouvrier ; dans ses jardins, les trépieds des sacrifices ; dans ses maisons, les meubles et les lampes, les restes des

1. Détruite en 79, elle fut découverte en 1750.

derniers festins, les parfums et les fards de ses beautés disparues, et aussi les ossements de ceux qui animaient cette mécanique si perfectionnée : une éclatante et voluptueuse civilisation en miniature.

Dans la maison de Diomède, sous les voûtes souterraines, on découvrit vingt squelettes, entre autres celui d'un enfant, recouverts d'une fine cendre dont la poussière, pénétrant lentement par les ouvertures des murs, avait rempli tout l'espace. Là, se trouvaient des bijoux, des pièces de monnaie, des candélabres dont la lumière serait désormais inutile, et du vin durci dans les amphores, pour l'agrément de vies à jamais éteintes. Le sable, rendu solide par l'humidité, avait conservé l'empreinte des corps, et le voyageur peut encore admirer le moulage intact des gracieuses formes d'une jeune femme : tout ce qui reste de la belle Julia. Il semble à l'étranger qui visite ces lieux que l'air a dû se changer là par degrés en vapeur sulfureuse ; que les habitants des caveaux se sont précipités vers la porte, l'ont trouvée bloquée par des scories du dehors, et qu'en s'efforçant de l'ouvrir, ils ont été suffoqués par la chaleur de l'atmosphère.

On découvrit dans le jardin un squelette dont la main décharnée tenait encore une clef, et à côté duquel se trouvait un sac d'argent. On présume que c'était le maître de maison, l'infortuné Diomède, qui avait probablement essayé de fuir par le jardin et avait été asphyxié par les vapeurs, ou atteint par quelque fragment de pierre. Des vases d'argent reposaient à côté d'un autre squelette, probablement celui d'un esclave.

Les maisons de Salluste et de Pansa, le temple d'Isis avec, derrière ses statues menteuses, des cachettes d'où partaient les oracles sacrés, sont maintenant exposés au regard des curieux. On trouva dans une des chambres de ce temple un grand squelette avec une hache à côté de lui ; deux murs avaient été entamés par ses coups, mais la victime n'avait pas pu pénétrer plus loin. Au milieu de la cité, on découvrit un autre squelette près duquel étaient plusieurs pièces de monnaie, et quelques ornements mystiques du temple d'Isis. La mort avait surpris le prêtre dans son vol impie, et Calénus avait péri en même temps que Burbo. Les fouilles mirent à jour, au milieu des ruines, le squelette d'un homme coupé en deux par une colonne écroulée ; le crâne offrait une conformation[1] remarquable, on y reconnaissait tous les signes de l'intelligence et les protubérances qui, croyait-on à l'époque, indiquent des instincts pervers ; ce crâne a excité la constante curiosité des phrénologues[2]. C'était celui d'Arbacès l'Égyptien.

À la vue de ces témoins d'une société disparue, un étranger, venu de cette île barbare et lointaine que le Romain de l'Empire ne nommait pas sans frissonner, s'est arrêté au milieu des délices de la douce Campanie, pour y composer cette histoire.

---

1. Forme de quelque chose, ici du crâne.
2. Ceux qui étudient les bosses du crâne.

Pas de temps à perdre ! Pompéi vit ses derniers jours... En 79 après Jésus-Christ, la cité romaine va être détruite par l'éruption du Vésuve. Edward Bulwer-Lytton nous plonge directement au cœur de la vie quotidienne de la cité et ressuscite la splendeur de Pompéi. La ville, florissante, semble guidée par le principe du plaisir : plaisir des jeux – y compris des jeux sanglants de l'amphithéâtre – plaisir de la table et plaisir amoureux... L'animation de cette cité cosmopolite ne présage en rien le désastre à venir. Pourtant, l'auteur nous donne des signes de la catastrophe, et crée ainsi, en connivence avec le lecteur, un suspense angoissant : le tremblement de terre, la fumée du Vésuve, l'agitation étrange de la mer, le comportement curieux du lion dans l'arène, la sorcière du Vésuve qui fuit son antre sont autant de signes que les Pompéiens ne savent pas interpréter... mais que nous, lecteurs, ne comprenons que trop ! Edward Bulwer-Lytton nous dépeint, en amont de la catastrophe, un monde finissant. Le premier siècle après Jésus-Christ marque la naissance d'une nouvelle ère. Rome est en train de conquérir tout le bassin méditerranéen. Dans cet immense Empire, les échanges culturels et commerciaux, ainsi que l'extension des cultes orientaux et à mystères s'accroissent considérablement. À côté du culte d'Isis venu d'Égypte, une religion venue de Palestine se développe à Pompéi, comme dans le reste de l'Empire, qui fera bientôt concurrence aux anciens dieux. Cette religion considérée encore comme une secte, ce sont les Nazaréens (autrement dit les chrétiens), disciples de Jésus, qui a promis le règne de la justice. Les chrétiens prêchent l'égalité entre les hommes et l'amour du prochain... Un programme qui séduit plusieurs personnages du roman, puisque Apœcides, prêtre d'Isis, convaincu par Olynthus le Nazaréen, se convertit ; et que la lettre que Glaucus envoie à son ami Salluste à la fin du roman nous apprend qu'il a fait de même. La catastrophe de l'éruption du Vésuve symbolise la fin d'un monde païen et annonce sa conversion au christianisme. *Les derniers jours de Pompéi* est né de la visite du jeune Edward Bulwer-Lytton dans la cité italienne. Par la magie de l'écriture, il fait renaître, bien des années plus tard, la civilisation figée par les cendres du Vésuve, et l'offre à l'éternité...

EDWARD BULWER-LYTTON

Né à Londres en 1803 et mort en 1873, ce fut un homme politique (socialiste, puis conservateur) au brillant talent oratoire.
Une diversité similaire apparaît dans sa carrière d'écrivain puisque sa production abondante (plus de cent ouvrages) aborde tous les genres littéraires : poésies, satires, romans sociaux, récits d'épouvante et de mystère, romans historiques. Ces derniers, inspirés de Walter Scott, ont fait sa notoriété.

Si vous avez aimé ce livre, vous aimerez aussi dans la collection Le Livre de Poche Jeunesse :

Esclaves en fuite
Katherine Ayres
Traduit de l'américain par Marie-Pierre Bay
En 1851, aux Etats-Unis, Lucinda Spencer se voit confier une périlleuse mission : aider une famille entière d'esclaves à fuir. Un roman captivant sur l'organisation clandestine – le chemin de Fer souterrain – qui aidait les esclaves à fuir vers le Canada.
11 ans et +
N° 808

La marraine de guerre
Catherine Cuenca
1916. Etienne tente d'oublier les horreurs quotidiennes des tranchées grâce aux lettres de sa marraine de guerre. Il veut maintenant en savoir plus sur sa correspondante.
12 ans et +
N° 759

Le Roman du Masque de fer
D'après Alexandre Dumas
Louis XIV a-t-il eu un frère jumeau tenu prisonnier 36 ans sous un masque de fer ? Entre l'Histoire et la légende, le prisonnier masqué a pris de multiples visages.
12 ans et +
N° 1137

À la poursuite d'Olympe
Annie Jay
Pas facile, quand on est une jeune noble à la cour de Versailles, d'échapper à un père qui veut vous mettre au couvent.
11 ans et +
N° 535

Rebekah et le Nouveau Monde
Jackie French Koller
Traduit de l'américain par Daniela Bruneau
En 1633, Rebekah rejoint son père en Nouvelle-Angleterre. Leur mission : christianiser les Indiens.
12 ans et +
N° 595

Les enfants du Titanic
Élisabeth Navratil
Michel enlève ses deux enfants à leur mère dont il est séparé, pour la convaincre de les rejoindre en Amérique. Il prend trois billets pour le voyage inaugural du Titanic. Mais seuls les enfants parviendront aux Etats-Unis...
11 ans et +
N° 655

Promenade par temps de guerre
Anne-Marie Pol
Octobre 1918 : l'un des derniers bombardements de la guerre permet à Victor de s'échapper de l'hospice où il est enfermé depuis quatorze ans. Il part à la recherche de son père pourtant “porté disparu”.
12 ans et +
N° 330

J'avais deux camarades...
Hans Peter Richter
Traduit de l'allemand par Alain Royer
Trois amis, différents par le milieu, vivent les entraînements et les déchirements de la jeunesse sous la dictature nazie.
12 ans et +
N° 171

La guerre du feu
J.-H. Rosny Aîné
Il y a cent mille ans, le grand combat de l'homme pour la conquête du feu. Un très grand classique.
11 ans et +
N° 1129

Quo vadis ?
Henryk Sienkiewicz
Traduit du polonais par B. Kozakiewicz et J.L. de Janasz
Rome au temps de Néron. La fascinante Lygie, fille d'un roi barbare, disparaît mystérieusement. Un jeune patricien part aussitôt à sa recherche et découvre qu'elle est chrétienne. Vicinius décide de se joindre à cette secte interdite pour sauver celle qu'il aime.
11 ans et +
N° 1119

Katarina, l'enfant cachée
Kathryn Winter
Traduit de l'anglais (États-Unis) par Alice Seelow
Pour fuir la persécution nazie, Katarina fuit la Slovaquie, tourmentée par la faim, le froid et la peur.
12 ans et +
N° 806

Composition JOUVE - 53100 Mayenne
N° 299519p
Imprimé en Italie par G. Canale & C. S.p.A. - Borgaro T.se (Turin)
Octobre 2002 - Dépôt éditeur n° 28941
32.10.1946.6/03 - ISBN : 2.01.321946.6
Loi n° 49-956 du 16 juillet 1949 sur les publications destinées à la jeunesse
Dépôt légal : novembre 2002